何でも中国語で言ってみる！

シンプル中国語
フレーズ1500

川原祥史

JN013945

高橋書店

はじめに

　みなさんは中国といえばなにを思い浮かべますか？　中華料理、パンダ、チャイナドレス、万里の長城、日本に来てたくさんの買いものをする人々……。どれもが現代の中国を表すキーワードですね。

　私が初めて中国を訪問した1980年代は、まだまだ中国は「近くて遠い国」というイメージがありました。首都北京には立体交差などひとつもなく、道路工事の土は馬が運んでいたくらいです。その後、経済の急激な発展によって人々の生活水準は上がり、中国はだんだん近い国になってきた感じがしています。それは生活レベルだけでなく人の心も……（と私は思います）。

　本書は、文法書や教科書のようなものとは違います。交流するチャンスの多い中国人との会話で使える、上のキーワードにあるような、身近でシンプルな文例を多く集めてみました。中国・日本の両方を舞台とし、観光や買いものの場面だけでなく、自己紹介・スポーツ観戦・恋愛・結婚など、使用頻度の高いテーマを広く取り上げています。もちろん全部覚える必要はありません。自分に起こりそうな場面のフレーズをいくつか覚えて、少しずつ使ってみましょう。言葉が通じて自分の思ったとおりの反応をされたときの感動は、とても大きなものになりますよ。本書によって、日本と中国との距離がますます近くなっていくことを楽しみにしています。

著者

この本の使い方

　本書は、イントロダクションの「中国語の基本」からはじまり、「あいさつ・定番表現」「気もちを伝える」「旅行・滞在」「買いもの・グルメ・美容」「日本とのかかわり」「エンタメ・遊び」「恋愛・人生」「歴史・慣用表現」「社会・自然」の9つの章で構成されています。あいさつや自己紹介、感情表現など、中国語でのコミュニケーションで必須となる定番フレーズはもちろん、買いものやグルメ、エンタメなど現地を旅行するときにも役立つ表現を多数紹介しています。

　中国でも、日本でも、中国語でコミュニケーションをとる際に役立つ便利なフレーズ集です。

メインページ

テーマ
日常や旅行などで役立つ39のテーマに分け、さらに細かいシチュエーション別にフレーズを収録しています。

CDマーク
日本語と中国語の音声を収録しています。リアルな音声で臨場感たっぷりのフレーズを聴いて発音してみましょう。

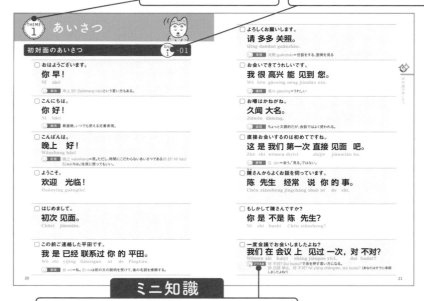

ミニ知識
フレーズによっては「表現」「プラスα」「文法」「発音」「カルチャー」の、5種類の役立つ情報を紹介しています。

現地でも日本でも使えるリアルなフレーズが盛りだくさん！

楽しいイラストでテーマにかかわる単語を紹介。いろんなフレーズのバリエーションを覚えちゃおう。

中国でしゃべっても違和感のないリアルな会話の流れを再現。登場人物が話すフレーズをまとめて覚えて、コミュニケーション力アップ！

レアな中国情報が満載のコラム。中国旅行を楽しむために必須の内容なのはもちろん、中国人とのお付き合いにも役立ちそう！

CHAPTER 3 旅行・滞在

CHAPTER 4 買いもの・グルメ・美容

COLUMN
CHINA REPORT

① 自己紹介—51　　② 空港—102

③ 食事・飲茶のマナー—157　　④ 結婚式＆贈りもの—240

カバーデザイン　小口翔平＋大城ひかり(tobufune)
DTP　茂呂田剛、畑山栄美子(エムアンドケイ)
イラスト　田中チズコ
中国語ナレーション　凌 慶成、朴 真琳
日本語ナレーション　金丸健太、芦澤亜希子
録音　ユニバ合同会社
校正　ビーチャイニーズ株式会社、株式会社 鴎来堂
編集協力　円谷直子

ピンイン表

子音＼母音	a	o	e	-i	er	ai	ei	ao	ou	an	en	ang
子音なし＊	a アー	o オ	e アー		er アル	ai アイ	ei エイ	ao アオ	ou オウ	an アン	en エン	ang アン
b	ba バ	bo ボ				bai バイ	bei ベイ	bao バオ		ban バン	ben ベン	bang バン
p	pa パ	po ポ				pai パイ	pei ペイ	pao パオ	pou ポウ	pan パン	pen ペン	pang パン
m	ma マ	mo モ	me マ			mai マイ	mei メイ	mao マオ	mou モウ	man マン	men メン	mang マン
f	fa ファ	fo フォ					fei フェイ		fou フォウ	fan ファン	fen フェン	fang ファン
d	da ダ		de ダ			dai ダイ	dei デイ	dao ダオ	dou ドウ	dan ダン	den デン	dang ダン
t	ta タ		te タ			tai タイ		tao タオ	tou トウ	tan タン		tang タン
n	na ナ		ne ナ			nai ナイ	nei ネイ	nao ナオ	nou ノウ	nan ナン	nen ネン	nang ナン
l	la ラ		le ラ			lai ライ	lei レイ	lao ラオ	lou ロウ	lan ラン		lang ラン
g	ga ガ		ge ガ			gai ガイ	gei ゲイ	gao ガオ	gou ゴウ	gan ガン	gen ゲン	gang ガン
k	ka カ		ke ク			kai カイ	kei ケイ	kao カオ	kou コウ	kan カン	ken ケン	kang カン
h	ha ハ		he フ			hai ハイ	hei ヘイ	hao ハオ	hou ホウ	han ハン	hen ヘン	hang ハン
j												
q												
x												
zh	zha ジャ		zhe ジョ			zhai ジャイ	zhei ジェイ	zhao ジャオ	zhou ジョウ	zhan ジャン	zhen ジェン	zhang ジャン
ch	cha チャ		che チョ			chai チャイ		chao チャオ	chou チョウ	chan チャン	chen チェン	chang チャン
sh	sha シャ		she ショ			shai シャイ	shei シェイ	shao シャオ	shou ショウ	shan シャン	shen シェン	shang シャン
r			re ル					rao ラオ	rou ロウ	ran ラン	ren レン	rang ラン
z	za ザ		ze ズ	zi ズ		zai ザイ	zei ゼイ	zao ザオ	zou ゾウ	zan ザン	zen ゼン	zang ザン
c	ca ツァ		ce ツ	ci ツ		cai ツァイ		cao ツァオ	cou ツォウ	can ツァン	cen ツェン	cang ツァン
s	sa サ		se セ	si ス		sai サイ		sao サオ	sou ソウ	san サン	sen セン	sang サン

※前に子音がつかないときはyやwを頭につけて発音する

横軸の母音、縦軸の子音を組み合わせた文字をまとめた一覧表です。
ここでは参考として、カタカナで発音を表記しています。

	eng	ong	i	ia	ie	iao	iou	ian	in	iang	ing	iong
	eng オン		yi イ	ya イア	ye イエ	yao ヤオ	you ヨウ	yan イエン	yin イン	yang イアン	ying イン	yong イオン
	beng ポン		bi ビ		bie ビエ	biao ビアオ		bian ビエン	bin ビン		bing ビン	
	peng ポン		pi ピ		pie ピエ	piao ピアオ		pian ピエン	pin ピン		ping ピン	
	meng モン		mi ミ		mie ミイエ	miao ミアオ	miu ミウ	mian ミエン	min ミン		ming ミン	
	feng フォン											
	deng ドン	dong ドン	di ディ	dia ディア	die ディエ	diao ディアオ	diu ディウ	dian ディエン			ding ディン	
	teng トン	tong トン	ti ティ		tie ティエ	tiao ティアオ		tian ティエン			ting ティン	
	neng ノン	nong ノン	ni ニ		nie ニエ	niao ニアオ	niu ニウ	nian ニェン	nin ニン	niang ニアン	ning ニン	
	leng ロン	long ロン	li リ	lia リア	lie リエ	liao リアオ	liu リウ	lian リエン	lin リン	liang リアン	ling リン	
	geng ゲン	gong ゴン										
	keng ケン	kong コン										
	heng ヘン	hong ホン										
			ji ジ	jia ジア	jie ジエ	jiao ジアオ	jiu ジウ	jian ジエン	jin ジン	jiang ジアン	jing ジン	jiong ジオン
			qi チ	qia チア	qie チエ	qiao チアオ	qiu チウ	qian チエン	qin チン	qiang チアン	qing チン	qiong チオン
			xi シ	xia シア	xie シエ	xiao シアオ	xiu シウ	xian シエン	xin シン	xiang シアン	xing シン	xiong シオン
	zheng ジョン	zhong ジョン	zhi ジ									
	cheng チョン	chong チョン	chi チ									
	sheng ション		shi シ									
	reng ロン	rong ロン	ri リ									
	zeng ゾン	zong ゾン										
	ceng ツォン	cong ツォン										
	seng ソン	song ソン										

ピンイン表

子音＼母音	u	ua	uo	uai	uei	uan	uen	uang	ueng	ü	üe	üan	ün
子音なし※	wu ウ	wa ワァ	wo ウォ	wai ワァイ	wei ウェイ	wan ワァン	wen ウェン	wang ワァン	weng ウォン	yu ユ	yue ユェ	yuen ユェン	yun ユン
b	bu ブ												
p	pu プ												
m	mu ム												
f	fu フ												
d	du ドゥ		duo ドゥオ		dui ドゥイ	duan ドゥアン	dun ドゥン						
t	tu トゥ		tuo トゥオ		tui トゥイ	tuan トゥアン	tun トゥン						
n	nu ヌ		nuo ヌオ			nuan ヌアン				nü ニュ	nüe ニュエ		
l	lu ル		luo ルオ			luan ルアン	lun ルン			lü リュー	lüe リュエ		
g	gu グ	gua グア	guo グオ	guai グアイ	gui グイ	guan グアン	gun グン	guang グアン					
k	ku ク	kua クア	kuo クオ	kuai クアイ	kui クイ	kuan クアン	kun クン	kuang クアン					
h	hu フ	hua ホア	huo フオ	huai ホアイ	hui ホイ	huan ホアン	hun フン	huang ホアン					
j										ju ジュ	jue ジュエ	juan ジュエン	jun ジュン
q										qu チュ	que チュエ	quan チュエン	qun チュン
x										xu シュ	xue シュエ	xuan シュエン	xun シュン
zh	zhu ジュ	zhua ジュア	zhuo ジュオ	zhuai ジュアイ	zhui ジュイ	zhuan ジュアン	zhun ジュン	zhuang ジュアン					
ch	chu チュ	chua チュア	chuo チュオ	chuai チュアイ	chui チュイ	chuan チュアン	chun チュン	chuang チュアン					
sh	shu シュ	shua シュア	shuo シュオ	shuai シュアイ	shui シュイ	shuan シュアン	shun シュン	shuang シュアン					
r	ru ル	rua ルア	ruo ルオ		rui ルイ	ruan ルアン	run ルン						
z	zu ズ		zuo ズオ		zui ズイ	zuan ズアン	zun ズン						
c	cu ツ		cuo ツオ		cui ツイ	cuan ツアン	cun ツン						
s	su ス		suo スオ		sui スイ	suan スアン	sun スン						

※前に子音がつかないときはyやwを頭につけて発音する

INTRODUCTION

中国語の基本

中国語の基本について

中国語ってどんな言葉?

　中国は、領土が日本の約26倍もある広い国。そこに住む人たちのなかには、全体の90%以上を占める漢民族や、ウイグル族、チベット族など多くの少数民族が存在しています。そのため、地域によって異なる方言があります。方言は大きくわけて7つあり、方言によって外国語くらい差があります。そこで、全国どこでも通じる言語として、普通话(Pǔtōnghuà)という共通語が定められました。本書のフレーズもこの普通话です。

漢字を簡略化した簡体字が使われている

　日本の漢字とは違って、画数の多い漢字を簡単にした簡体字という文字が使われています。

例

もとの字形の一部分を残す	習 ▶	习
全部または一部に同音の字を使う	機 ▶	机
草書体(くずし字)を応用する	車 ▶	车

POINT 2 ピンインと四声がある

　発音はピンイン（Pīnyīn）というローマ字で表します。また、ピンインは音程を示す4つの声調（四声）によって文字の意味が変わってきます。

●**四声の種類（−, ／, ∨, ＼を声調符号という）**

1声	ā	高く、平らな音。驚いたときの「あーっ！」に近い音。
2声	á	低いところから高いところへ急に上がる音。人に何かを聞き返すときの「ああ？」に近い音。
3声	ǎ	ぐーっと下がり、尻が少し上がる音。ゆっくり長めにするのがポイント。
4声	à	上から下へ、ストンと落とす音。意外なものを見つけたときの「あぁ」に近い音。
軽声	a	軽く発音される音。前の文字の音節のあとに軽く添えて発音され、声調符号はつけない。

POINT 3 語順は主語＋述語＋目的語の順

　中国語の文法はよく英語と似ているといわれますが、英語のような人称や単数・複数、時制による動詞の変化がありません。日本語のような助詞もありません。

我　看　书。（私は本を読みます。）
私は　読む　本

他　看　书。（彼は本を読みます。）
彼は　読む　本

母音の発音

母音には基本の短母音と、短母音を2つ以上組み合わせた複合母音、母音の語尾に"n"や"ng"がついた鼻母音があります。

●基本単母音7種

日本語の「ア・イ・ウ・エ・オ」にあたる単母音は7個あります。

a	日本語の「ア」よりも口を大きく開ける。
o	日本語の「オ」よりも唇を丸く突き出す。
e	口の形は横に引いて「エ」。声はのどの奥から「オー」。 日本語にない音
i (yi)	「イーだ！」と言うときのように唇を左右に強く引く。
u (wu)	前に唇を小さく丸めて突き出し、「ウー」。
ü (yu)	「イ」の口で「ウ」と発音。草笛を吹くときの感じで、唇を震わせる。 日本語にない音
er	上の「e」の発音をしながら舌先を中に引く。

※（ ）内は、前に子音がつかない場合の綴りです。

●複合母音13種

短母音を2つ以上組み合わせた母音です。

前の母音を口を大きく開けて発音			
ai	ei	ao	ou
後ろの母音を口を大きく開けて発音			
ia (ya)	ie (ye)	ua (wa)	uo (wo)	üe (yue)
真ん中の母音を口を大きく開けて発音			
iao (yao)	iou (you)	uai (wai)	uei (wei)

●鼻母音16種

母音の語尾に"n"や"ng"がついたものが鼻母音です。

an	ang	ian (yan)	iang (yang)
uan (wan)	uang (wang)	en	eng
uen (wen)	ueng (weng)	in (yin)	ing (ying)
üan (yuan)	ün (yun)	ong	iong (yong)

※（　）内は前に子音がないときの綴りです

子音の発音

中国語の子音は全部で21種類あります。

●子音21種

	無気音	有気音	どちらにも 分類されない音	
唇をぴったり 合わせて出す音	b (o)	p (o)	m (o)	f (o)
舌の先を上の前歯の 裏にあてて出す音	d (e)	t (e)	n (e)	l (e)
のどの奥で出す音	g (e)	k (e)	h (e)	
舌の先を下の前歯の 裏にあてて出す音	j (i)	q (i)	x (i)	
舌をそり上げて 出す音	zh (i)	ch (i)	sh (i)	r (i)
舌の先を前歯の 裏にあてて出す音	z (i)	c (i)	s (i)	

※発音するときは（　）内の母音をつけて練習をしましょう

CHAPTER 1

あいさつ・定番表現

THEME 1　あいさつ

初対面のあいさつ

Disc 1 -01

☐ **おはようございます。**

你 早!
Nǐ　zǎo!

😊 表現　早上 好! Zǎoshang hǎo!という言い方もある。

☐ **こんにちは。**

你 好!
Nǐ　hǎo!

😊 表現　朝昼晩、いつでも使える定番表現。

☐ **こんばんは。**

晚上　好!
Wǎnshang hǎo!

😊 表現　晚上 wǎnshang＝夜。ただし、時間にこだわらないあいさつである你 好! Nǐ hǎo!（こんにちは。）を夜に使ってもいい。

☐ **ようこそ。**

欢迎　光临!
Huānyíng guānglín!

☐ **はじめまして。**

初次 见面。
Chūcì　jiànmiàn.

☐ **この前ご連絡した平田です。**

我 是 已经 联系过 你 的 平田。
Wǒ　shì　yǐjīng　liánxìguo　nǐ　de　Píngtián.

😊 表現　我 wǒ＝私。的 deは前の文の説明を受けて、後の名詞を修飾する。

20

☐ よろしくお願いします。

请 多多 关照。
Qǐng duōduō guānzhào.

> 😊 表現 　关照 guānzhào＝世話をする、面倒を見る

☐ お会いできてうれしいです。

我 很 高兴 能 见到 您。
Wǒ hěn gāoxìng néng jiàndào nín.

> 😊 表現 　高兴 gāoxìng＝うれしい

☐ お噂はかねがね。

久闻 大名。
Jiǔwén dàmíng.

> 😊 表現 　ちょっと文語的だが、会話ではよく使われる。

☐ 直接お会いするのは初めてですね。

这 是 我们 第一次 直接 见面 吧。
Zhè shì wǒmen dìyīcì zhíjiē jiànmiàn ba.

> 😊 表現 　见 jiàn＝会う。「見る」ではない。

☐ 陳さんからよくお話を伺っています。

陈 先生 经常 说 你的 事。
Chén xiānsheng jīngcháng shuō nǐ de shì.

☐ もしかして陳さんですか？

你 是 不是 陈 先生？
Nǐ shì bushì Chén xiānsheng?

☐ 一度会議でお会いしましたよね？

我们 在 会议 上 见过 一次，对 不对？
Wǒmen zài huìyì shàng jiànguo yícì, duì buduì?

> 💡 プラスα 　对 不对？ Duì buduì? で念を押す言い方になる。
> 你 已经 承认，对 不对？ Nǐ yǐjing chéngrèn, duì buduì?（あなたはすでに承認しましたよね?）

Disc 1 -02

☐ おはよう。

早上 好!
Zǎoshang hǎo!

リホ

☐ おはよう。

早上 好!
Zǎoshang hǎo!

☐ 朝ごはん、なに食べに行く?

早饭，去 吃 什么?
Zǎofàn, qù chī shénme?

リホ

☐ おかゆが食べたいな。

我 想 吃 粥。
Wǒ xiǎng chī zhōu.

☐ いいお店知ってるよ。行こう!

我 知道 好的 餐馆。一起 去 吧。
Wǒ zhīdào hǎode cānguǎn. Yìqǐ qù ba.

小龍

☐ やあ！

呀！

Ya!

☐ お元気ですか？

你 身体 好 吗?

Nǐ　shēntǐ　hǎo　ma?

☐ お変わりはないですか？

最近 还 好 吗?

Zuìjìn　hái　hǎo　ma?

☐ 相変わらずおしゃれですね。

你 还是 很 时髦 啊。

Nǐ　háishi　hěn　shímáo　a.

😊 表現　还是 háishi＝まだ、相変わらず

☐ すてきなネクタイですね。

你 的 领带 很 好看 啊。

Nǐ　de　lǐngdài　hěn　hǎokàn　a.

☐ 髪を切られましたか？

你 剪 头发 了 吗?

Nǐ　jiǎn　tóufa　le　ma?

☐ お久しぶりです。

好久 没见。

Hǎojiǔ méijiàn.

☺ 表現 あいさつのときによく使われる。

☐ 10年ぶりでしょうか。

时隔 十年 见 了 面。

Shígé shínián jiàn le miàn.

☐ お子さんはお元気ですか?

你 孩子 也 好 吗?

Nǐ háizi yě hǎo ma?

🗨 文法 〜也 〜yě=〜も。動詞の前に置かれる。
我 也 喜欢 音乐。Wǒ yě xǐhuan yīnyuè.（私も音楽が好きです。）

☐ 遅れてすみません。

对不起,我 来晚 了。

Duìbuqǐ, wǒ láiwǎn le.

☐ 最近雰囲気変わったね。

感觉 你 最近 变 了!

Gǎnjué nǐ zuìjìn biàn le!

☐ なにかいいことあった?

有 什么 好事 吗?

Yǒu shénme hǎoshì ma?

☐ 私のこと覚えてますか?

你 还 记得 我 吗?

Nǐ hái jìde wǒ ma?

☺ 表現 记得 jìde＝覚えている

☐ 行ってきます。

我 走 了。
Wǒ zǒu le.

😊 表現 お決まりのあいさつではなく、「私は出発します」くらいの意味。

☐ 行ってらっしゃい。

路上 小心。
Lùshàng xiǎoxīn.

😊 表現 「道中気をつけて」くらいの意味。

☐ ただいま。

我 回来 了。
Wǒ huílái le.

😊 表現 お決まりのあいさつではなく、「私は帰ってきたよ」くらいの意味。

☐ おかえり。

你 回来 了。
Nǐ huílái le.

⭐ カルチャー 直訳は「あなたは帰ってきた。」
中国では「おかえりなさい」「いただきます」などといった生活習慣の区切りを表す
ような一言はなく、その時々で自然なあいさつを交わしている。

☐ 連絡くれてうれしかった。

你 能 联系 我，我 真 的 很 高兴。
Nǐ néng liánxì wǒ, wǒ zhēn de hěn gāoxìng.

☐ 早く来すぎちゃった。

我 来得 太 早 了。
Wǒ láide tài zǎo le.

☐ ううん、今来たところ。

没，我 也 刚 到 的。
Méi, wǒ yě gāng dào de.

25

☐ さようなら！

再见！
Zàijiàn!

☐ バイバイ！

拜拜！
Bàibài!

💡 プラスα 英語の音を中国語訳（音訳化）したもの。他にも咖啡 kāfēi（コーヒー）、巧克力 qiǎokèlì（チョコレート）、马拉松 mǎlāsōng（マラソン）なども音訳化された単語。

☐ また会おうね。

我们 下次 再 见面 吧。
Wǒmen xiàcì zài jiànmiàn ba.

😊 表現 下次 xiàcì＝次回

☐ 次は僕が日本に行くね。

下次 我 去 日本。
Xiàcì wǒ qù Rìběn.

☐ メール待ってます。

我 等 你 的 邮件。
Wǒ děng nǐ de yóujiàn.

😊 表現 邮件 yóujiàn＝メール

☐ 電話してくださいね。

请 给 我 打 电话。
Qǐng gěi wǒ dǎ diànhuà.

😊 表現 「電話をかける」の「かける」は、中国語では打 dǎになる。

☐ 私のことを忘れないでくださいね。

请 别忘 了 我。
Qǐng biéwàng le wǒ.

🌱 **文法** 别～ bié～＝～してはいけない(禁止)。别 动! Bié dòng! (動くな!)

☐ 今度会うときはライバルだね。

下次 见面 我们 就是 竞争 对手 了。
Xiàcì jiànmiàn wǒmen jiùshì jìngzhēng duìshǒu le.

😊 **表現** 竞争 对手 jìngzhēng duìshǒu＝競争相手、競合

お礼

☐ ありがとう。

谢谢。
Xièxie.

☐ すごく気に入ってる!

我 很 喜欢。
Wǒ hěn xǐhuan.

☐ 本当にもらっていいの?

真的 给 我 吗?
Zhēnde gěi wǒ ma?

😊 **表現** 真的 zhēnde＝本当に

☐ 母も喜びます。

我 母亲 也 一定 会 很 高兴 的。
Wǒ mǔqīn yě yídìng huì hěn gāoxìng de.

😊 **表現** 一定 yídìng＝必ず

□ めっちゃうれしい！

高兴 极了！
Gāoxìng jíle!

> **文法** 〜极了 〜jíle＝極めて〜である。感情を表すときに用いることが多い。
> 好 极了! Hǎo jíle! (とてもいい！)

□ 今度なにかお返しするね。

下次 给 你 点 什么 回礼。
Xiàcì gěi nǐ diǎn shénme huílǐ.

□ そんなに喜んでもらえて、うれしいな。

你 这么 高兴，我 也 很 开心。
Nǐ zhème gāoxìng, wǒ yě hěn kāixīn.

□ どういたしまして。

不 客气。
Bú kèqi.

> ☺ **表現** 不 客气 bú kèqi＝どういたしまして、ご遠慮なく

□ 林さんのおかげです。
りん

托 林 先生 的 福。
Tuō Lín xiānsheng de fú.

おわび

□ ごめんなさい。

对不起。
Duìbuqǐ.

> ☺ **表現** 軽く、口語的な謝り方。

☐ 本当にすみませんでした。

非常 抱歉。
Fēicháng bàoqiàn.

😊 **表現** より丁寧な謝罪。

☐ ごめんね。

不好 意思。
Bùhǎo yìsi.

😊 **表現** 「すまないね」くらいの感覚。

☐ 悪気はなかったの。

我 没有 坏心 的。
Wǒ méiyǒu huàixīn de.

💬 **文法** 有 yǒuの否定は不 bùではなく没 méiをつけて没有 méiyǒuになる。
我 没有 把握。Wǒ méiyǒu bǎwò. (私は自信がない。)

☐ 今度から気をつけます。

我 以后 会 注意 的。
Wǒ yǐhòu huì zhùyì de.

⭐**カルチャー** 中国人は謝らずに言い訳をするというイメージを持たれることがあるが、独特の「面子」を重んじる文化があるからかもしれない。

☐ 誠に申し訳ございませんでした。

真的 非常 抱歉。
Zhēnde fēicháng bàoqiàn.

☐ ごめん、ちょっと遅れます！

对不起，我 可能 会 迟到。
Duìbuqǐ, wǒ kěnéng huì chídào.

💬 **文法** 可能 会〜 kěnéng huì〜=〜かもしれない

☐ ううん、私も悪かった。

嗯，我 也 有 错。
Ňg, wǒ yě yǒu cuò.

☐ 気にしないで。

请 不要 在意。

Qǐng búyào zàiyì.

😊 表現　在意 zàiyì＝気にとめる

☐ うん。

对。

Duì.

😊 表現　相手の言っていることが正しいときに使う。

☐ そうなんだ。

是 的。

Shì de.

😊 表現　同意の意味。

☐ わかる〜！

正是 那样。

Zhèngshì nàyang.

😊 表現　「そのとおりだね」くらいの意味。

☐ それでそれで?

还有 呢?

Háiyǒu ne?

😊 表現　还有 háiyǒu＝さらに、まだ

☐ なるほど。

可 不是 嘛。

Kě bushì ma.

肯定

あいづち／肯定

☐ 問題ありません。

没 问题。

Méi wèntí.

☐ いいじゃん！

真 好！

Zhēn hǎo!

☐ いいよ！

可以！

Kěyǐ!

😊 **表現** 許可を表す。

☐ 了解です。

知道 了。

Zhīdào le.

☐ もちろん。

当然 了。

Dāngrán le.

☐ あなたの頼みなら。

按 你 的 要求 吧。

Àn nǐ de yāoqiú ba.

😊 **表現** 直訳では「あなたの要求のとおりにします。」

☐ いいね！

好！

Hǎo!

> 💡 プラスα 「いいよ」「正しい」「OK」など、「よし」という意味でいろいろなところで使われる。
> ただし、SNSの「いいね！」は賛成するという意味で赞! Zàn!という。

☐ 大丈夫。

没事。

Méishì.

☐ そう思います。

同意。

Tóngyì.

☐ やっぱり。

原来 如此。

Yuánlái rúcǐ.

> 💡 プラスα 马马虎虎 mǎmǎhūhū＝まあまあ。差不多 chàbuduō＝こんなものだ

☐ きっとそうだよ。

大概 是 那样。

Dàgài shì nàyàng.

☐ それならできますよ。

那样 可以 做。

Nàyàng kěyǐ zuò.

☐ キミならできる！

你 一定 可以！

Nǐ yídìng kěyǐ!

☐ おっしゃるとおりです。

你 说得 对。

Nǐ shuōde duì.

☐ 右に同じく。

我 也 是。

Wǒ yě shì.

☺ 表現 「私も」という意味。

☐ ナイスアイデア！

好 想法！

Hǎo xiǎngfǎ!

☐ キミらしいね。

你 还是 那样。

Nǐ háishì nàyang.

☺ 表現 还是 háishì＝やはり

☐ 最高！

最 好！

Zuì hǎo!

否定

否定 Disc 1 -09

☐ いいえ。

不是。

Búshi.

☐ いや。

不。

Bù.

☐ 勘弁して。

请 原谅。

Qǐng yuánliàng.

> 🔵 文法 请〜 qǐng〜=〜してください

☐ その日は予定があるんだ。

那天 我 有 安排。

Nàtiān wǒ yǒu ānpái.

☐ それは難しいかと思います。

那个 比较 困难。

Nàge bǐjiào kùnnan.

> 😊 表現 比较 bǐjiào=わりと、比較的

☐ 間違っていませんか?

这个 可能 错 了。

Zhège kěnéng cuò le.

☐ それはちょっと……。

那个 有点 麻烦。

Nàge yǒudiǎn máfan.

> 🔵 文法 有点〜 yǒudiǎn〜=少し〜だ(否定的なことに用いる)
> 我 有点 不舒服。Wǒ yǒudiǎn bùshūfu. (私はちょっと気分が悪い。)

☐ 結構です。

不用 了。

Búyòng le.

> 😊 表現 直訳では「必要ない。」

□ 僕にはできません。

我 不能 做。
Wǒ bùnéng zuò.

□ 申し訳ありません。

很 抱歉。
Hěn bàoqiàn.

□ 気分が乗らないなあ。

没有 心情。
Méiyǒu xīnqíng.

□ 面倒くさい。

很 麻烦。
Hěn máfan.

☺ 表現 麻烦 máfan＝面倒だ

□ いやだなあ。

真 讨厌。
Zhēn tǎoyàn.

☺ 表現 讨厌 tǎoyàn＝嫌いだ、面倒だ

□ うーん。

嗯。
Ńg.

□ 保留にさせてください。

那个 暂时 保留 一下 吧。
Nàge zànshí bǎoliú yíxià ba.

📖 文法 ～一下 ～yíxià＝ちょっと～する
我们 看 一下 吧。Wǒmen kàn yíxià ba.（私たち、ちょっと見てみましょう。）

35

お願いする

これください。

我 要 这个。

Wǒ　yào　zhège.

見せてください。

给 我 看看。

Gěi　wǒ　kànkan.

手伝ってください。

请 帮助 我。

Qǐng bāngzhù wǒ.

教えてください。

请 告诉 我。

Qǐng gàosu　wǒ.

お会計
してください。

买单。

Mǎidān.

日本語で話してください。
请 用 日语 说。
Qǐng yòng Rìyǔ shuō.

もう一度
言ってください。
请 再说 一遍。
Qǐng zài shuō yíbiàn.

（値段を）まけてください。
能 便宜点 吗?
Néng piányi diǎn ma?

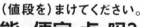

もう少しゆっくり話してください。
慢 一点 说。
Màn yìdiǎn shuō.

☐ お願いしたいことがあるのですが。

想 请 您 帮个 忙。
Xiǎng qǐng nín bāngge máng.

☐ お忙しいところ恐縮です。

百忙之中 非常 抱歉。
Bǎimángzhīzhōng fēicháng bàoqiàn.

☐ 代わりに引き受けていただけませんか?

你 能 不能 替 我 办?
Nǐ néng bunéng tì wǒ bàn?

> **文法** このように肯定＋否定の形でも疑問を表すことができる。
> 你 是 不是 日本人? Nǐ shì bushi Rìběnrén? (あなたは日本人ですか?)

☐ 今お忙しいですか?

你 现在 忙 不忙?
Nǐ xiànzài máng bumáng?

☐ 頼みたいことがあって。

有 事 想 拜托 你。
Yǒu shì xiǎng bàituō nǐ.

☐ ペンを貸してください。

请 借 给 我 笔。
Qǐng jiè gěi wǒ bǐ.

☐ どうしてもあなたの力が必要なんです。

我 很 需要 你 的 帮助。
Wǒ hěn xūyào nǐ de bāngzhù.

☐ 人助けだと思って。

想 请 您 帮忙。
Xiǎng qǐng nín bāngmáng.

☺ 表現 直訳は「あなたに助けてもらいたい。」

頼
む

☐ 車に同乗させていただけませんか?

我 可以 一起 乘 车 吗?
Wǒ kěyǐ yìqǐ chéng chē ma?

☐ 一生のお願い。

就 算是 拜托 你 啦。
Jiù suànshì bàituō nǐ la.

☺ 表現 拜托 bàituō＝お願いする、頼む。拜托! Bàituō! (頼むよ!)

☐ ちょっとお時間いいですか?

你 现在 有 时间 吗?
Nǐ xiànzài yǒu shíjiān ma?

☐ 折り返し電話ください。

给 我 回 电话。
Gěi wǒ huí diànhuà.

☺ 表現 回 huí＝返す、戻す

☐ どうしてもだめですか?

真的 不行 吗?
Zhēnde bùxíng ma?

☐ ちょっといいですか？

现在 方便 吗?

Xiànzài fāngbiàn ma?

☐ おめでとうございます。

恭喜!

Gōngxǐ!

☐ 誕生日おめでとう。

祝 你 生日 快乐!

Zhù nǐ　shēngri kuàilè!

😊 表現　祝 zhùは「祝う」よりも「祈る」の意味が強い。

☐ 昇進おめでとうございます。

恭喜 你 升职!

Gōngxǐ nǐ　shēngzhí!

😊 表現　升职 shēngzhí＝昇職（昇進の意味）

☐ めでたい！

恭喜 啦!

Gōngxǐ la!

☐ やっと念願かないましたね。

你 的 愿望　实现 了。

Nǐ　de　yuànwàng shíxiàn le.

☐ 僕も鼻が高いです。

我 也 觉得 很 骄傲。
Wǒ yě juédé hěn jiāoào.

😊 **表現** 骄傲 jiāoào＝誇りに思う

☐ お祝いさせてください。

请 接受 我 的 祝福。
Qǐng jiēshòu wǒ de zhùfú.

😊 **表現** 直訳は「私の祝福を受け取ってください。」

☐ キミならできると思ってたよ。

我 觉得 你 一定 能 做 到。
Wǒ juéde nǐ yídìng néng zuò dào.

☐ 苦労が報われたね。

你 的 努力 获得 了 回报。
Nǐ de nǔlì huòdé le huíbào.

☐ やったね！

太 好 了！
Tài hǎo le!

☐ 誇らしいわ。

我 也 很 高兴。
Wǒ yě hěn gāoxìng.

☐ 心よりお慶び申し上げます。

热烈 祝贺。
Rèliè zhùhè.

☐ たいしたもんだ！

太棒了。

Tài bàng le.

😊 表現 棒 bàng＝すばらしい、優れている

☐ おきれいですね。

很漂亮。

Hěn piàoliang.

⭐ カルチャー 中国では他人の奥さんをこのようにほめることは厳禁。身近な間柄で外見をほめるのは、異性として興味や好意があると捉えられることが多いため。

☐ イケメンですね。

很帅。

Hěn shuài.

☐ あなたってすてき！

你很出色。

Nǐ hěn chūsè.

☐ 魅力的な人柄ですね。

你是有魅力的人。

Nǐ shì yǒu mèilì de rén.

☐ すごいですね！

真厉害啊！

Zhēn lìhai ā!

😊 表現 厉害! lìhai!だけでもOK。

☐ さすが！

真 不愧 是 你。

Zhēn búkuì　shì　nǐ.

😊 表現　不愧 búkuì＝さすが、名に恥じない

☐ やるじゃん！

真 不简单！

Zhēn bùjiǎndān!

☐ 尊敬します。

我 尊敬 你。

Wǒ zūnjìng nǐ.

☐ ほれぼれしちゃう。

我 心荡 神驰。

Wǒ xīndàng shénchí.

☐ あなたは私のあこがれです。

我 很 仰慕 你。

Wǒ hěn yǎngmù nǐ.

😊 表現　仰慕 yǎngmù＝あこがれ

☐ ナイスガイ！

好 汉！

Hǎo hàn!

😊 表現　汉 hàn＝男の人

☐ カッコいい！

很 酷。

Hěn kù.

🎵 発音　酷 kù の発音は「酷い」ではなく「クール」の音訳からきている。

☐ マジですごいよ！

好 厉害！

Hǎo lìhai!

☐ そんなときもあるよ。

也 有 这种 事。

Yě yǒu zhèzhǒng shì.

☐ 仕方ないよ。

没 办法。

Méi bànfǎ.

☐ 大変でしたね。

辛苦 了。

Xīnkǔ le.

😊 **表現** ねぎらいの言葉。

☐ いつでも相談にのるよ。

随时 和 我 商量 吧。

Suíshí hé wǒ shāngliang ba.

🌙 **文法** 和A～ héA～＝Aと～する

☐ 元気出してね。

请 打起 精神。

Qǐng dǎqǐ jīngshén.

☐ キミの決めた道を信じてるよ。

我 相信 你 的 决心。
Wǒ xiāngxìn nǐ de juéxīn.

気づかう

☐ 大丈夫?

没事 吧?
Méishì ba?

☐ 無理しないでね。

请 不要 勉强。
Qǐng búyào miǎnqiǎng.

😊 表現　勉强 miǎnqiǎng＝無理強いをする

☐ お大事に。

请 保重　身体。
Qǐng bǎozhòng shēntǐ.

☐ 僕にできることがあったら言ってね。

如果 有 我 可以 做 的 事情，请 告诉 我。
Rúguǒ yǒu wǒ kěyǐ zuò de shìqing, qǐng gàosu wǒ.

😊 表現　告诉 gàosu＝伝える

☐ がんばり屋だから心配だよ。

你 是 个 很 努力 的 人，我 很 担心。
Nǐ shì ge hěn nǔlì de rén, wǒ hěn dānxīn.

😊 表現　担心 dānxīn＝心配する

名前

☐ お名前を教えてください。

请 告诉 我 你 的 名字。
Qǐng gàosu wǒ nǐ de míngzi.

💡 プラスα 您贵姓? Nín guì xìng?でもOK。

☐ 私の名前は野山美希です。

我 叫 野山 美希。
Wǒ jiào Yěshān Měixī.

😊 表現 叫 jiàoは名乗るときに使われる。

☐ 苗字が野山で、名前は美希です。

我 姓 野山，名字 叫 美希。
Wǒ xìng Yěshān, míngzi jiào Měixī.

😊 表現 姓 xìngは苗字を名乗るときに使われる。

☐ 日本語だと「のやま　みき」と読みます。

用 日语，叫 "Noyama Miki"。
Yòng Rìyǔ, jiào

☐ あだ名はなんですか?

有 外号 吗?
Yǒu wàihào ma?

😊 表現 外号 wàihào＝ニックネーム

☐ 名前の由来はなんですか?

你 名字 有 什么 由来?
Nǐ míngzi yǒu shénme yóulái?

☐ すてきなお名前ですね。
你 的 名字 很 棒。
Nǐ de míngzi hěn bàng.

☐ なんと呼べばいいですか?
我 该 怎么 称呼 你 呢?
Wǒ gāi zěnme chēnghu nǐ ne?

😊 **表現** 怎么 zěnme＝どのように

☐ 普段はミッキーと呼ばれているよ。
大家 一般 叫我 "Mickey"。
Dàjiā yìbān jiào wǒ

☐ 漢字の並びがすごくきれい。
汉字 的 排列 很 漂亮。
Hànzì de páiliè hěn piàoliang.

出身地
Disc ① -16

☐ 日本から来ました。
我 是 从 日本 来 的。
Wǒ shì cóng Rìběn lái de.

🔵 **文法** 从 cóngは「従」の簡体字で、「～から」という起点を表す。
我 从 东京 到 大阪 去。Wǒ cóng Dōngjīng dào Dàbǎn qù. (私は東京から大阪まで行く。)

☐ ご出身はどちらですか?
你 是 在 日本 的 哪里 出生 的?
Nǐ shì zài Rìběn de nǎlǐ chūshēng de?

☐ 東京都出身です。

在 东京 出生 的。
Zài Dōngjīng chūshēng de.

☐ 高橋さんと同郷です。

和 高桥 先生 同乡。
Hé Gāoqiáo xiānsheng tóngxiāng.

☐ 家から東京タワーが見えます。

从 我 家 能 看到 东京塔。
Cóng wǒ jiā néng kàndào Dōngjīngtǎ.

☐ よくロケ地になります。

经常 用于 拍摄地。
Jīngcháng yòngyú pāishèdì.

☐ 景色がきれいです。

是 风景 优美 的 地方。
Shì fēngjǐng yōuměi de dìfang.

😊 表現 地方 dìfang＝ところ、場所

☐ 父が中国人です。

我 父亲 是 中国人。
Wǒ fùqin shì Zhōngguórén.

☐ 中国と日本のハーフです。

是 中国人 和 日本人 的 混血。
Shì Zhōngguórén hé Rìběnrén de hùnxuè.

☐ どこに住んでいるの?

你 住在 哪个 地方?
Nǐ zhùzai nǎge dìfang?

😊 表現　住在〜 zhùzai〜＝〜に住んでいる。自己紹介によく使われるフレーズ。

☐ 今は北京に住んでいます。

现在 住在 北京。
Xiànzài zhùzai Běijīng.

☐ 昔は浅草に住んでいました。

以前 住在 浅草。
Yǐqián zhùzai Qiǎncǎo.

☐ 賃貸マンションです。

是 出租 公寓。
Shì chūzū gōngyù.

☐ 30階だから眺めがいいよ。

我 住在 30层，观景 很 不错。
Wǒ zhùzai sānshícéng, guānjǐng hěn búcuò.

⭐カルチャー　中国の都市部ではマンションなど集合住宅に住む人が多い。マイホームを建てたとしても、土地はすべて政府が所有しているので、使用権を購入できても所有権が得られない。

☐ 実家暮らしです。

我 住在 老家。
Wǒ zhùzai lǎojiā.

☐ 駅から徒歩5分。

从 车站 走路 五分钟。
Cóng chēzhàn zǒulù　wǔfēnzhōng.

☐ 彼氏と同棲中です。

和 男朋友 同居。
Hé　nánpéngyou tóngjū.

💡 プラスα 女朋友 nǚpéngyou＝彼女

☐ 姉と一緒に住んでいます。

我 和 姐姐 一起 住。
Wǒ hé　jiějie　yìqǐ　zhù.

☐ シェアハウスに住んでいるよ。

我 和 别人 合租。
Wǒ hé　biéren　hézū.

☐ 最寄駅は池袋です。

离 我家 最 近 的 车站 是 池袋 站。
Lí　wǒjiā　zuì jìn de　chēzhàn shì Chídài zhàn.

📖 文法 离～ lí〜＝〜から。距離を表現するときに使う。

☐ 新宿にも近いです。

新宿 也 很 近。
Xīnsù　yě hěn jìn.

☐ 1DKの部屋に住んでいます。

我 住在 一室 一厅 的 公寓。
Wǒ zhùzai yíshì　yìtīng de　gōngyù.

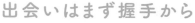

自己紹介

出会いはまず握手から

　中国の外交関係のニュースを見ると、初対面のあいさつはまず握手ではじまっていますね。中国人との交流のはじまりは、まず握手。そしてお決まりの你 好! Nǐ hǎo!（複数の人に対しては你们 好! Nǐmen hǎo!）です。このとき、くれぐれも笑顔を忘れないようにしましょう。ついお辞儀もしてしまいそうですが、ここでは不要です。ただし、こちらが日本人であることを相手がわかっているのであれば、文化の紹介として、お辞儀も役に立つことでしょう。

交わす言葉

　次に、定番の「はじめまして」を辞書で調べると、"初次见面。Chūcì jiànmiàn.と出てくると思います。しかし、実際これはほとんど使われていないので、你 好! Nǐ hǎo!で十分です。「よろしくお願いします」もお決まりのフレーズですが、これも辞書では请 多多 关照。Qǐng duōduō guānzhào.と出てくることでしょう。これは「多くのお世話をしてください」という堅い意味なので、ここはみなさんご存じの谢谢! Xièxie!でいいと思います。

名前を言えるようにしておこう

　もうひとつ、自分の名前の読み方を覚えておきましょう。たとえば、田中利明 Tiánzhōng Lìmíngのように、基本的に中国と日本は漢字が共通です。小さな紙を用意しておき、漢字で書いてあげるとより親しみがわきます。自分の名前を中国語で発音してみせると、かっこいいものになりますよ。そして正確に我 叫 田中利明。Wǒ jiào Tiánzhōng Lìmíng.（私は田中利明と申します。）と言えるようにすれば、相手には「おっ!」と思われるはずです。

　このように、你 好! Nǐ hǎo!、我叫（Wǒ jiào）～、谢谢! Xièxie!でコミュニケーションは広がっていきます。堅苦しいことはなく、コミュニケーションはなによりも心です。中国の人たちは相手との間に日本人のような距離を置かない傾向があります。また、長幼の序を重んじるのも中国の特徴といえるでしょう。失礼のない程度にざっくばらんな雰囲気作りが大切です。

☐ おいくつですか？

你 多大 岁数？
Nǐ duōdà suìshu?

⭐カルチャー 中国では、相手に年齢を聞いても基本的には失礼にあたらない。むしろ、相手に対して関心があると捉えられ、ほとんどの場合はいいほうにとられる。

☐ 僕は20歳です。

我 二十 岁。
Wǒ èrshí suì.

☺表現 年齢に関する表現もよく使われる。数字に慣れておこう。

☐ 同い年ですね。

和 我 同岁 啦！
Hé wǒ tóngsuì la!

💡プラスα 和 我 同级 吗？ Hé wǒ tóngjí ma?（同学年かな？）

☐ すごく若く見えます。

你 看上去 很 年轻。
Nǐ kànshangqu hěn niánqīng.

💡プラスα 我 常常 看起来 比较 年长。Wǒ chángcháng kànqilái bǐjiào niánzhǎng.（よく年上に見られます。）

☐ 何年生まれですか？（干支を問う場合の表現）

你 属 什么？
Nǐ shǔ shénme?

💡プラスα 生まれ年を問う場合は、你 是 哪 一年 出生 的？ Nǐ shì nǎ yìnián chūshēng de?

☐ 干支は寅です。

我 属 虎。
Wǒ shǔ hǔ.

⭐カルチャー 日本の干支は中国に由来しているので、十二支も基本的には日・中で同じ。ただし、最後の「亥」は中国ではイノシシではなく、ブタ。

☐ **何人家族ですか?**

你 家里 有 几口 人?
Nǐ　jiāli　　yǒu jǐkǒu　rén?

💡 **プラスα** 数がわからないときは数字の部分に几 jǐを入れる。
你 买 了 几本 书? Nǐ mǎi le jǐběn shū?（あなたは本を何冊買いましたか?）

☐ **5人家族です。**

我 家里 有 五口 人。
Wǒ jiāli　　yǒu wǔkǒu rén.

😊 **表現** 口 kǒuは人の頭数をあらわす量詞。

☐ **犬を飼っています。**

我 家 养 狗。
Wǒ jiā　yǎng gǒu.

☐ **兄が2人います。**

我 有 两个 哥哥。
Wǒ yǒu liǎngge gēge.

💡 **プラスα** 哥哥 gēge＝兄。姐姐 Jiějiě＝姉。弟弟 dìdi＝弟。妹妹 mèimei＝妹

☐ **ひとりっ子です。**

我 是 独生子。
Wǒ shì　dúshēngzǐ.

💡 **プラスα** 女性の場合は独生女 dúshēngnǚという。

☐ **祖父母と同居しています。**

我 和 爷爷奶奶 一起 住。
Wǒ hé　yéyénǎinai　yìqǐ　zhù.

☐ 親は離婚しています。

我 父母 已经 离婚 了。

Wǒ fùmǔ yǐjīng líhūn le.

💡 プラスα 我 成长 在 母子 家庭。 Wǒ chéngzhǎng zài mǔzǐ jiātíng. (母子家庭で育ちました。)

☐ 婚約者がいます。

我 有 未婚 夫。

Wǒ yǒu wèihūn fū.

💡 プラスα 婚約者が女性の場合は未婚妻 wèihūnqīという。

☐ 独身です。

我 是 单身。

Wǒ shì dānshēn.

趣味

Disc 1 -20

☐ 趣味はなんですか?

你 的 爱好 是 什么?

Nǐ de àihào shì shénme?

😊 表現 爱好 àihào＝趣味

☐ あなたの国ではなにがはやっていますか?

你们 国家 流行 的 东西 是 什么?

Nǐmen guójiā liúxíng de dōngxi shì shénme?

☐ 食べ歩きが好きです。

我 喜欢 美食 探访。

Wǒ xǐhuan měishí tànfǎng.

💡 プラスα 我 喜欢 参观 历史 古迹。 Wǒ xǐhuan cānguān lìshǐ gǔjì. (史跡めぐりが好きです。)

□ よくライブに行きます。

我 经常 去 看 演唱会。
Wǒ jīngcháng qù kàn yǎnchànghuì.

:) 表現　演唱会 yǎnchànghuì＝ライブコンサート

□ あまり趣味らしい趣味がありません。

我 几乎 没有 什么 爱好。
Wǒ jīhū méiyǒu shénme àihào.

:) 表現　直訳は「ほとんどなんの趣味もない。」

□ 中国の宮廷ドラマが好きです。

我 喜欢 看 中国 的 宫廷 剧。
Wǒ xǐhuan kàn Zhōngguó de gōngtíng jù.

□ いわゆるオタクです。

是 所谓 的 宅男。
Shì suǒwèi de zháinán.

★カルチャー　宅男 zháinán＝オタク。中国は人口が多いだけにオタク人口も多く、アニメ・ゲーム市場は世界一の巨大マーケットといわれる。

□ 趣味はスポーツ観戦です。

我 的 爱好 是 观看 体育 比赛。
Wǒ de àihào shì guānkàn tǐyù bǐsài.

:) 表現　比赛 bǐsài＝試合

□ プロ野球が好きです。

我 喜欢 职业 棒球 比赛。
Wǒ xǐhuan zhíyè bàngqiú bǐsài.

□ ぜひ今度教えてください。

下次 一定 要 教教 我。
Xiàcì yídìng yào jiāojiao wǒ.

趣味

☐ 実は私も興味があります。

说 实话，我 也 感 兴趣。

Shuō shíhuà, wǒ yě gǎn xìngqu.

😊 **表現** 〜也 〜yě=〜も。感 兴趣 gǎn xìngqu=興味がある

職業

☐ お仕事はなんですか?

你 做 什么 工作?

Nǐ zuò shénme gōngzuò?

☐ 商社に勤めています。

我 在 贸易 公司 工作。

Wǒ zài màoyì gōngsī gōngzuò.

📘 **文法** 在A〜 zàiA〜=Aで〜する。这种 服装 在 上海 很 流行。Zhèzhǒng fúzhuāng zài Shànghǎi hěn liúxíng. (この服装は上海ではやっている。)

☐ 今はフリーターです。

现在 是 自由 职业者。

Xiànzài shì zìyóu zhíyèzhě.

😊 **表現** 自由 职业者 zìyóu zhíyèzhě=フリーター

☐ 専業主婦です。

我 是 专职 主妇。

Wǒ shì zhuānzhí zhǔfù.

☐ 育児休暇中です。

现在 正在 休产假。

Xiànzài zhèngzài xiūchǎnjià.

⭐ **カルチャー** 中国では共働きが多く、女性は出産後も仕事を継続することが多い。子どもの面倒を父母（祖父母）に見てもらうことも多い。遠方の人とあまり結婚しない傾向があるのは、これが理由のひとつかもしれない。

☐ 転職活動中です。

我 正在 找 工作。

Wǒ zhèngzài zhǎo gōngzuò.

😊 表現　正在〜 zhèngzài〜＝〜している最中である

☐ 前職は教師です。

我 以前 的 工作 是 教师。

Wǒ yǐqián de gōngzuò shì jiàoshī.

☐ 海外支社に異動経験があります。

我 有 在 海外 分公司 工作 的 经历。

Wǒ yǒu zài hǎiwài fēngōngsī gōngzuò de jīnglì.

☐ よく海外出張があります。

我 经常 去 海外 出差。

Wǒ jīngcháng qù hǎiwài chūchāi.

☐ アルバイトをしています。

我 有 工作。

Wǒ yǒu gōngzuò.

💡 プラスα　我 学生 时代 在 餐饮店 工作。Wǒ xuésheng shídài zài cānyǐndiàn gōngzuò.（学生時代は飲食店でアルバイトをしていました。）

政治

Disc 1 -22

☐ 今の政治についてどう思いますか?

你 对 现在 的 政治，有 什么 想法?

Nǐ duì xiànzài de zhèngzhì, yǒu shénme xiǎngfǎ?

□ 僕は全面的に支持しています。

我 全力 支持。

Wǒ quánlì zhīchí.

□ 日本ではあまり政治の話をオープンにしません。

日本人 不太 公开 谈论 政治 方面 的 事情。

Rìběnrén bútài gōngkāi tánlùn zhèngzhì fāngmiàn de shìqing.

☺ 表現 不太~ bútài~＝あまり~ない

□ 日本は18歳から投票できます。

在 日本，十八岁 就 可以 投票 了。

Zài Rìběn, shíbāsuì jiù kěyǐ tóupiào le.

☺ 表現 可以~ kěyǐ~＝~してもいい

宗教

□ 仏教徒です。

我 信 佛教。

Wǒ xìn Fójiào.

💡 プラスα 我 信 基督教。Wǒ xìn Jīdūjiào.（キリスト教徒です。）
我 没有 宗教 信仰。Wǒ méiyǒu zōngjiào xìnyǎng.（無宗教です。）

□ クリスマスはお祝いしますか？

有 没有 过 圣诞节 的 习惯？

Yǒu méiyǒu guò Shèngdànjié de xíguàn?

☺ 表現 圣诞节 Shèngdànjié＝クリスマス

□ 日本にも旧正月があります。

日本 也 有 春节。

Rìběn yě yǒu Chūnjié.

☺ 表現 春节 Chūnjié＝旧正月、春節（しゅんせつ）。伝統あるお祝いで、多くの人は1週間の連休になる。もともとは神様や先祖への豊作を祈念するために行われていた。食卓には餃子や餅など、食べ物が盛りだくさんに並ぶ。

CHAPTER 2

気もちを伝える

なりきりミニ会話②

Disc 1 -24

☐ すごーい！これが万里の長城なんだ！

真 了不起！这 就 是 有名 的 长城！
Zhēn liǎobuqi!　Zhè jiù shì yǒumíng de Chángchéng!

☐ 見晴らしがいいね！

这里 的 景致 美 极了！
Zhèli de jǐngzhì měi jíle!

☐ 壮観だね。

很 雄伟 啊。
Hěn xióngwěi a.

☐ ここに来られてうれしいなあ。

我 很 高兴 我 能 来到 这里。
Wǒ hěn gāoxìng wǒ néng láidào zhèli.

☐ ホントだね！

真的！
Zhēnde!

☐ とってもうれしいです。

非常 高兴。
Fēicháng gāoxìng.

☐ うれしい！

开心！
Kāixīn!

😊 **表現** 开心 kāixīn も高兴 gāoxìng と同じように「うれしい」だが、「楽しい」「ハッピー」の感覚が強い。

☐ 感動した。

我 感动 了。
Wǒ gǎndòng le.

☐ 泣きそう。

我 快哭 了。
Wǒ kuàikū le.

🔵 **文法** 快〜了 kuài〜le＝今にも〜しそうだ

☐ 本当によかった。

真 是 太 好 了。
Zhēn shì tài hǎo le.

🔵 **文法** 太〜了 tài〜le＝〜すぎる

☐ 夢みたい。

真的 像 梦 一样。
Zhēnde xiàng mèng yíyàng.

🔵 **文法** 像〜 一样 xiàng〜 yíyàng＝〜と同じだ

なりきりミニ会話②／うれしい

○ ヤバい！

真 厉害！
Zhēn lìhai!

○ 鳥肌立った！

鸡皮 疙瘩 都 起来 了！
Jīpí　gēda　dōu qǐlái　le!

○ 光栄です。

我 感到 光荣。
Wǒ gǎndào guāngróng.

○ 胸がいっぱいです。

心中　充满　了 感激。
Xīnzhōng chōngmǎn le　gǎnjī.

○ とても幸せです。

我 很 幸福。
Wǒ hěn xìngfú.

楽しい

○ ほんとに楽しい！

真 开心！
Zhēn kāixīn!

☐ 最高だね！

真 了不起！
Zhēn liǎobuqǐ!

☐ めっちゃウケる。

真 有趣。
Zhēn yǒuqù.

😊 表現　直訳は「おもしろい。」

☐ この日を待ちわびてました。

盼望 的 日子 终于 来到 了。
Pànwàng de rìzi zhōngyú láidào le.

😊 表現　终于 zhōngyú＝ついに

☐ ドキドキしてます。

心 跳 很 快。
Xīn tiào hěn kuài.

😊 表現　直訳は「心臓が跳ねるようだ。」

☐ あっという間だったね。

转眼 就 过去 了。
Zhuǎnyǎn jiù guòqù le.

☐ 楽しみすぎて眠れない。

兴奋 得 睡不着。
Xīngfèn de shuìbuzháo.

😊 表現　睡不着 shuìbuzháo＝よく眠れない

☐ この時間が続けばいいな。

我 希望 这样 的 情况 能 持续 下去。
Wǒ xīwàng zhèyàng de qíngkuàng néng chíxù xiàqù.

💡 プラスα　〜下去 〜xiàqù で、その動作が続いていくことを表す。
你 要 坚持 下去。Nǐ yào jiānchí xiàqù.（あなたはがんばって続けていかなければ
いけない。）

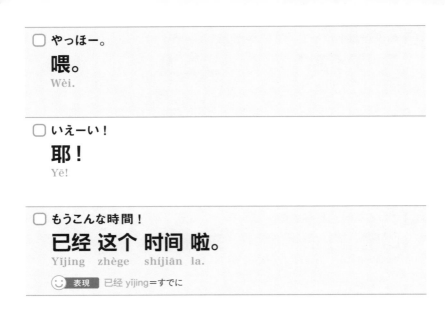

やっほー。

喂。
Wèi.

いえーい！

耶！
Yē!

もうこんな時間！

已经 这个 时间 啦。
Yǐjīng zhège shíjiān la.

😊 **表現** 已经 yǐjīng＝すでに

悲しい

悲しいです。

我 很 悲伤。
Wǒ hěn bēishāng.

💬 **文法** 很 hěnは形容詞の前に形式的に使われることが多い。

さびしいです。

我 很 寂寞。
Wǒ hěn jìmò.

つらい。

很 痛苦。
Hěn tòngkǔ.

☐ こんなことになるなんて。

天下 哪 有 这样 的 事?

Tiānxià nǎ yǒu zhèyang de shì?

😊 表現 「かなり意外なこと」の意味。

☐ がっかりしました。

我 非常 失望。

Wǒ fēicháng shīwàng.

悲しい

☐ 本当に残念です。

真的 很 可惜。

Zhēnde hěn kěxī.

😊 表現 可惜 kěxī＝惜しい、残念だ

☐ 涙が止まりません。

我 伤心 得 泪 流不止。

Wǒ shāngxīn de lèi liúbuzhǐ.

😊 表現 直訳は「悲しくて涙が止まらない。」

☐ こんなのひどい。

我 倒 了 大霉。

Wǒ dǎo le dàméi.

😊 表現 直訳は「ひどい目にあった。」

☐ ショックです。

我 受 了 打击。

Wǒ shòu le dǎjī.

😊 表現 直訳は「ショックを受けた。」

☐ 恥ずかしい。

我 很 害羞。

Wǒ hěn hàixiū.

☐ はあ……。(悲しいため息)

唉。

Āi.

🎵 **発音** 一声で発音するとよい。

☐ 胸がはりさけそう。

撕 心 裂 肺。

Sī xīn liè fèi.

驚き

☐ わあ!

哇!

Wā!

☐ びっくりした。

我 吃 了 一惊。

Wǒ chī le yìjīng.

☐ 驚かさないでよ。

吓 了 我 一跳。

Xià le wǒ yítiào.

☺ **表現** 直訳は「私を驚かせたな。」

☐ なにごと?

出 了 什么 事 啦?

Chū le shénme shì la?

☐ 心臓が止まるかと思った。

以为 我 的 心脏 要 停止 跳动 了。
Yǐwéi wǒ de xīnzàng yào tíngzhǐ tiàodòng le.

☐ ええ?

啊?
Á?

☐ 本当? うそ?

真的 假的?
Zhēnde jiǎde?

☐ うそだよね?

骗人 的 吧?
Piànrén de ba?

😊 表現　会話でよく使われる。直訳は「人をだましてるんでしょ。」

☐ 冗談はやめてよ。

不要 开 玩笑。
Búyào kāi wánxiào.

😊 表現　开 玩笑 kāi wánxiào＝冗談を言う

☐ 目玉が飛び出たよ。

令 人 吃惊。
Lìng rén chījīng.

😊 表現　「人をびっくりさせた」の意味。

□ ひどいよ。

太 过分 了。

Tài guòfèn le.

□ 許せない。

真的 无法 原谅。

Zhēnde wúfǎ yuánliàng.

😊 表現 原谅 yuánliàng＝事情を鑑みて許す

□ 怒ってるよ。

我 很 生气。

Wǒ hěn shēngqì.

□ 話しかけないで。

请 不要 跟 我 说话。

Qǐng búyào gēn wǒ shuōhuà.

😊 表現 丁寧な言い方。

□ なんだってのよ！

你 在 说 什么！

Nǐ zài shuō shénme!

😊 表現 「なに言ってるんだ」という反語。

□ もううんざりだよ。

我 已经 厌烦 了。

Wǒ yǐjīng yànfán le.

😊 表現 厌烦 yànfán＝いやになる、うんざりする

☐ ムカムカする。

心里 窝火。
Xīnli　　wōhuǒ.

☐ イライラしてる。

我 心里 有 一股 火气。
Wǒ　xīnli　　yǒu yìgǔ　　huǒqì.

😊 **表現**　これは焦りではなく、怒りのイライラ。

怒り

☐ 八つ当たりしないでよ！

别 拿 我 撒疯！
Bié ná　wǒ　sāfēng!

📖 **文法**　拿〜撒疯 ná〜sāfēng＝〜に八つ当たりをする

☐ このことは報告させていただきます。

请 允许 我 报告 这件 事。
Qǐng yǔnxǔ　wǒ　bàogào zhèjiàn shì.

💡 **プラスα**　打 小 报告 dǎ xiǎo bàogào＝密告する

☐ ずっと我慢してきたけど、もう無理。

我们 的 忍耐 是 有 限度 的。
Wǒmen　de　rěnnài　shì　yǒu xiàndù de.

💡 **プラスα**　少し堅い言い方。再 也 忍 不住。Zài yě rěn buzhù. を使うとより自然な言い回しになる。

☐ もう我慢できない。

我 再 也 受不了 了。
Wǒ　zài　yě　shòubuliǎo le.

☐ 訴えてやる！

我 打 官司！
Wǒ　dǎ　guānsi!

😊 **表現**　打 官司 dǎ guānsi＝訴訟を起こす

☐ 焦った。

我 焦虑 了。
Wǒ jiāolǜ le.

☐ うわー！やめて！

哇！不行！
Wā! Bùxíng!

☐ 怖い。

我 很 害怕。
Wǒ hěn hàipà.

☐ 近寄らないで！

不要 靠近！
Búyào kàojìn!

🗨 文法 不要 búyào＋動詞で禁止を表す。

☐ 緊張した。

我 紧张 了。
Wǒ jǐnzhāng le.

☐ ソワソワする。

我 有点 心慌。
Wǒ yǒudiǎn xīnhuāng.

😊 表現 心慌 xīnhuāng＝ソワソワする

- [ ] うらやんじゃう。

真 羡慕 你。

Zhēn xiànmù nǐ.

☺ 表現　直訳は「本当にあなたがうらやましい。」

- [ ] がんばりすぎちゃった。

我 奋发 了。

Wǒ fènfā le.

- [ ] はしゃいじゃえ！

撒欢!

Sāhuān!

☺ 表現　撒欢 sāhuān＝はしゃぐ、じゃれる

- [ ] 冷や汗が出てきた。

冷汗 出来 了。

Lěnghàn chūlái le.

- [ ] むなしいな。

我 觉得 空虚。

Wǒ juéde kōngxū.

☺ 表現　觉得〜 juéde〜＝〜と感じる

ひとりごと

- [ ] あら。

哎呀。

Āiyā.

☐ あれれ！
怎么 回事！
Zěnme huíshì!

☺ 表現 　直訳は「どうしたんだ！」

☐ ピンチ！
危机！
Wēijī!

☐ ラッキー！
好 机会！
Hǎo jīhuì!

☐ どうしようかな。
怎么 办 好 呢。
Zěnme bàn hǎo ne.

☐ もう無理かも。
那个 恐怕 不行。
Nàge kǒngpà bùxíng.

☺ 表現 　恐怕 kǒngpà＝おそらく（よくないことを予想することが多い）

☐ 超面倒くさい。
太 麻烦 了。
Tài máfan le.

☺ 表現 　麻烦 máfan＝面倒だ、手間がかかる

☐ 勘弁して！
饶 了 我 吧！
Ráo le wǒ ba!

☺ 表現 　「こりごりだ」の意味。

外見・体格

☐ すてき!

真 漂亮!
Zhēn piàoliang!

☐ たくましい!

健壮!
Jiànzhuàng!

☐ スレンダーですね。

她 身材 苗条。
Tā shēncái miáotiao.

> 💡 **プラスα** 女性に対する言葉で、体つきがしなやかでほっそりしているという意味。男性に対しては、他 身材 细长。Tā shēncái xìcháng.を使うとよい。

☐ メリハリのきいた体型だね。

你 身材 很 好。
Nǐ shēncái hěn hǎo.

☐ ちょっとふくよかだね。

有点 胖。
Yǒudiǎn pàng.

> 😊 **表現** 中国でも女性に対して使う場合は注意。

☐ お肌がきれいですね。

皮肤 真的 很 光滑。
Pífū zhēnde hěn guānghuá.

◻ とってもかわいい！

很 漂亮！

Hěn piàoliang!

◻ 女優さんみたいですね。

像 女演员 一样。

Xiàng nǚyǎnyuán yíyàng.

> 💡 プラスα 女演员 nǚyǎnyuán＝女優。男性に対しては、像 男演员 一样。Xiàng nán
> yǎnyuán yíyàng.（俳優さんみたいですね。）

◻ きれいな黒髪。

黑发 很 美。

Hēifà hěn měi.

◻ メガネがよく似合ってる。

你 的 眼镜 很 合适。

Nǐ de yǎnjing hěn héshì.

◻ 黒目が大きいんだね。

黑眼珠 又 大 又 亮。

Hēiyǎnzhū yòu dà yòu liàng.

> 💬 文法 又A又B yòuAyòu B＝Aでもあり Bでもある

◻ アジアンビューティー！

亚洲 美女！

Yàzhōu měinǚ!

◻ 脚が長いですね。

你 的 腿 很 长。

Nǐ de tuǐ hěn cháng.

☐ 目が小さいのがコンプレックス。

为 眼睛 细小 感到 自卑。
Wèi yǎnjing xìxiǎo gǎndào zìbēi.

☺ 表現　感到 自卑 gǎndào zìbēi=コンプレックスに感じる

☐ 二重になりたいなあ。

我 羡慕 双眼皮 的人。
Wǒ xiànmù shuāngyǎnpí derén.

☺ 表現　羡慕 xiànmù=うらやましい

☐ 脚を細くしたい。

我 想 让 自己 的 腿 更 瘦。
Wǒ xiǎng ràng zìjǐ de tuǐ gèng shòu.

☐ ドラえもんみたいな体型だよ。

像 哆啦A梦 的 体型。
Xiàng Duōla A mèng de tǐxíng.

☺ 表現　哆啦A梦 Duōla A mèng=ドラえもんの音訳

性格

Disc
1 -33

☐ 彼はとっても優しい性格なんだ。

他 是 一个 温柔 的 人。
Tā shì yíge wēnróu de rén.

☐ ちょっとキツい性格だよね。

有点 严厉 的 人。
Yǒudiǎn yánlì de rén.

☐ 部下に当たりが強い。

他 对 部下 发威 使气。
Tā duì bùxià fāwēi shǐqì.

😊 **表現** 直訳は「部下に偉そうに当たり散らす。」

☐ のんびり屋かな。

他 总是 悠闲 自在 的。
Tā zǒngshì yōuxián zìzai de.

😊 **表現** 悠闲 自在 yōuxián zìzai ＝（性格が）のんびりしている

☐ せっかちって言われない？

人家 说 不说 你 是 急性子？
Rénjiā shuō bushuō nǐ shì jíxìngzi?

😊 **表現** 急性子 jíxìngzi ＝せっかちな人

☐ 学級委員長タイプだね。

是 班级 委员 类型 的 人。
Shì bānjí wěiyuán lèixíng de rén.

☐ あの子はとっても人気者だよ。

她 是 很 受 欢迎 的 人。
Tā shì hěn shòu huānyíng de rén.

😊 **表現** 受 欢迎 shòu huānyíng ＝人気がある

☐ 彼女はカリスマ性があります。

她 很 有 领袖 的 魅力。
Tā hěn yǒu lǐngxiù de mèilì.

☐ 一緒にいてすごく楽しい。

在 一起 很 开心。
Zài yìqǐ hěn kāixīn.

☐ 根性曲がってるよ。

没 安好 心眼儿。
Méi ānhǎo xīnyǎnr.

😊 表現 直訳は「いい考えを持っていない。」

☐ いじわる。

坏 心眼儿。
Huài xīnyǎnr.

☐ おとなしいってよく言われる。

人家 经常 说 我 老实。
Rénjiā jīngcháng shuō wǒ lǎoshí.

😊 表現 この老实 lǎoshíは、おだやかでまじめなことを表す。

☐ いやみったらしいなあ。

令 人 讨嫌 的。
Lìng rén tǎoxián de.

😊 表現 直訳は「人をいやにさせる。」

☐ 彼って自己中だよね。

他 只 考虑 自己，不 顾 别人，对 不对？
Tā zhǐ kǎolǜ zìjǐ, bú gù biéren, duì buduì?

☐ 彼って心までイケメン。

他 心情 也 很 帅。
Tā xīnqíng yě hěn shuài.

☐ 性格は外見に出るね。

人 的 外表 明显 表现出 性格。
Rén de wàibiǎo míngxiǎn biǎoxiànchū xìnggé.

😊 表現 「外見が性格を表す」の意味。

人の描写

（な）人です。

____ 的 人。
de　rén

大柄
身材 魁梧
shēncái kuíwú

目立ちたがり屋
爱出 风头
àichū fēngtóu

小柄
身材 娇小
shēncái jiāoxiǎo

元気
强健
qiángjiàn

イケメン
很 帅
hěn shuài

すらりとした
身材 修长
shēncái xiūcháng

☐ おーい。

喂。
Wèi.

☐ あの……。

怎么 说 呢。
Zěnme shuō ne.

😊 表現 日本語の「なんというか……。」に近い。

☐ ちょっといいですか?

现在 有空 吗?
Xiànzài yǒu kòng ma?

☐ おじさん!

大叔!
Dàshū!

☐ おばさん!

大妈!
Dàmā!

☐ あなた!

你!
Nǐ!

意思表示

 Disc 1 -35

☐ 私はこの仕事がやりたいです。

我 想 做 这个 工作。
Wǒ xiǎng zuò zhège gōngzuò.

☐ もう少し待ちます。

我 再 等 一下。
Wǒ zài děng yíxià.

☺ **表現** 再 zài＝もう一度、また

☐ まだ続けたいんです。

我 还 想 继续 做。
Wǒ hái xiǎng jìxù zuò.

☐ あきらめたくない。

我 不想 放弃。
Wǒ bùxiǎng fàngqì.

☺ **表現** 放弃 fàngqì＝あきらめる

☐ もうそろそろ帰りたい。

差不多 是 回家 的 时间 了。
Chàbuduō shì huíjiā de shíjiān le.

☺ **表現** 差不多 chàbuduō＝ほぼ、ほとんど

☐ 好きです。

我 喜欢。
Wǒ xǐhuan.

☐ 得意です。

我 擅长。
Wǒ shàncháng.

☐ 嫌いです。

我 不喜欢。
Wǒ bùxǐhuan.

☐ 苦手だなあ。

我 不擅长。
Wǒ búshàncháng.

☐ 特に好きでも嫌いでもない。

我 不喜欢 也 不讨厌。
Wǒ bùxǐhuan yě bùtǎoyàn.

☐ 興味があります。

我 感 兴趣。
Wǒ gǎn xìngqu.

☐ ひとりにしてください。

我 想 一个人 呆着。
Wǒ xiǎng yígerén dāizhe.

☺ 表現 「ひとりでぼーっとしたい」の意味。

☐ どちらでもいいよ。

哪个 都 可以。
Nǎge dōu kěyǐ.

☺ 表現 哪个 nǎge＝どれ。都 dōu＝すべて。可以 kěyǐ＝OK

☐ どうしても天安門に行きたい。

我 无论如何 都 想 去 天安门。

Wǒ wúlùnrúhé dōu xiǎng qù Tiān'ānmén.

😊 表現　无论如何 wúlùnrúhé＝なにがなんでも

☐ ご飯に行きませんか?

去 吃饭 吧。

Qù chī fàn ba.

😊 表現　吧 baは「～しよう」という呼びかけ。

☐ 一緒に行こう!

一起 去 吧!

Yìqǐ qù ba!

☐ どこにする?

去 哪里?

Qù nǎlǐ?

😊 表現　哪里 nǎlǐ＝どこ

☐ 何時からがいいかな?

几点 开始 好 呢?

Jǐdiǎn kāishǐ hǎo ne?

💡 プラスα　几点 jǐdiǎn＝何時(時間を問う)

你们 几点 上班? Nǐmen jǐdiǎn shàngbān?(あなたたちは何時に出勤しますか?)

☐ おすすめのお店はありますか?

有 没有 推荐 的 店?

Yǒu méiyǒu tuījiàn de diàn?

😊 表現　推荐 tuījiàn＝推薦する

☐ なにかやりたいことはありますか？

有 什么 想 做 的 事?

Yǒu shénme xiǎng zuò de shì?

☐ にんにくは嫌いではないですか？

你 喜 不喜欢 大蒜?

Nǐ xǐ buxǐhuan dàsuàn?

☐ そろそろ出発しても大丈夫ですか？

那 我们 可以 出发 吗?

Nà wǒmen kěyǐ chūfā ma?

😊 **表現** 那 nà＝それでは

☐ 明日は駅前に集合で大丈夫だよね？

明天 我们 站前 集合，可以 吗?

Míngtiān wǒmen zhànqián jíhé, kěyǐ ma?

😊 **表現** 文の後に可以 吗? kěyǐ ma?をつけると、「いいですね?」という確認の意味になる。

☐ 6時まで時間空いてる？

今天 晚上 六点 之 前，有 时间 吗?

Jīntiān wǎnshang liùdiǎn zhī qián, yǒu shíjiān ma?

☐ まだ時間大丈夫だよね？

时间 没有 问题 吧?

Shíjiān méiyǒu wèntí ba?

☐ 終電は大丈夫？

还 有 末班车 吗?

Hái yǒu mòbānchē ma?

💡 **プラスα** 末班车 mòbānchē＝終電。头班车 tóubānchē＝始発

☐ うちに泊まっていく？

住 我 家 吗？
Zhù wǒ jiā ma?

☐ 危ないから駅まで送ろうか。

路上 危险，送 你 到 车站 吧。
Lùshang wēixiǎn, sòng nǐ dào chēzhàn ba.

😊 表現 　车站 chēzhàn＝駅

ちょっとした一言 Disc 1 -37

☐ それはそうとして……。

反正……。
Fǎnzhèng…….

😊 表現 　「とにかく」「いずれにしても」という意味でよく使われる。

☐ まあそうなんだけど……。

是 这 样子。可是……。
Shì zhè yàngzi. Kěshì …….

😊 表現 　いったん納得してからの、「しかし」の意味。

☐ ごめん、今なにか言った？

对不起，刚才 你 说 什么？
Duìbuqǐ, gāngcái nǐ shuō shénme?

😊 表現 　刚才 gāngcái＝たった今、先ほど

☐ もう一度言ってくれない？

麻烦 你 再说 一遍。
Máfan nǐ zài shuō yíbiàn.

85

☐ 悪いね。

不好 意思。
Bùhǎo yìsi.

> 😊 表現　不好 意思。Bùhǎo yìsi.は、对不起。Duìbuqǐ.よりも軽い謝罪。

☐ 速くて聞き取れなかったよ。

说 得 太 快，我 听不懂。
Shuō de tài kuài, wǒ tīngbudǒng.

> 😊 表現　听不懂 tīngbudǒng＝聞き取れない。これだけでも覚えておくと便利なフレーズ。

☐ ほどほどにね。

什么 事情 都 要 适度 是 关键。
Shénme shìqing dōu yào shìdù shì guānjiàn.

> 😊 表現　直訳は「どんなこともほどほどが肝心。」

☐ 遠慮しないで。

不要 客气。
Búyào kèqi.

☐ それってどういう意味?

那 是 什么 意思?
Nà shì shénme yìsi?

> 😊 表現　ちょっとけんか腰な言い方。

☐ 私のこと言ってる?

你 说 我 的 事 吗?
Nǐ shuō wǒ de shì ma?

☐ なんだかなあ。

迷惑 不解。
Míhuò bùjiě.

> 😊 表現　直訳は「なにがなんだかわからない。」

CHAPTER 3

旅行・滞在

身じたく

Disc 1 -38

☐ パスポートは絶対忘れないようにしなきゃ。

别忘 了 带 护照。

Biéwàng le　dài　hùzhào.

💬 **文法** 别～ bié～＝～してはいけない

☐ ビザは必要なの?

要 不要 签证?

Yào buyào　qiānzhèng?

💡 **プラスα** 短期 旅游 的 话,不要 签证。Duǎnqī lǚyóu de huà, búyào qiānzhèng. (短期旅行ならビザは必要ないよ。)

☐ エアチケットを予約しなきゃ。

要 预订 飞机票。

Yào yùdìng fēijīpiào.

☐ クレジットカードがあると便利だよ。

有 信用卡 的 话, 很 方便。

Yǒu xìnyòngkǎ de　huà,　hěn fāngbiàn.

😊 **表現** ～的 话 ～de huà＝～ならば

☐ 現金はどのくらい持っていく?

带 多少 现金 去?

Dài　duōshao xiànjīn qù?

😊 **表現** 多少 duōshao＝どのくらい

☐ ポケットWi-Fiをレンタルしておきましょう。

预先 租借 移动 Wi-Fi 吧。

Yùxiān zūjiè　yídòng Wi-Fi　　ba.

😊 **表現** 租借 zūjiè＝レンタルする

☐ 念のため、海外旅行保険には入っておこう。

以防 万一，买 海外 旅游 保险 吧。

Yǐfáng wànyī, mǎi hǎiwài lǚyóu bǎoxiǎn ba.

😊 **表現** 中国では、保険に入ることを「保険を買う」と表現する。

☐ ガイドブックを持っていってね。

带 旅行 指南 去 吧。

Dài lǚxíng zhǐnán qù ba.

😊 **表現** 带 dài＝(身につけて)持つ

☐ 時差はどのくらい?

时差 有 多少?

Shíchā yǒu duōshao?

☐ 現地でSNSってできるのかな?

那边 能 使用 SNS 吗?

Nàbiān néng shǐyòng SNS ma?

☐ 乾燥対策をしたほうがいいみたい。

最好 考虑 干燥 对策。

Zuìhǎo kǎolǜ gānzào duìcè.

💬 **文法** 最好～ zuìhǎo～＝～するのがいちばんいい

☐ のど飴を持っていくね。

我 带 润喉糖 去。

Wǒ dài rùnhóutáng qù.

😊 **表現** 润喉糖 rùnhóutáng＝のど飴

☐ 東京にある中国国家観光局に行ってみない?

去 东京 的 中国 国家 观光局 试试?

Qù Dōngjīng de Zhōngguó guójiā guānguāngjú shìshi?

💡 **プラスα** 试试～ shìshi～＝(試しに)～してみる
　　　我 可以 试试 穿吗? Wǒ kěyǐ shìshi chuān ma?(私は試着をしてもいいですか?)

□ 大気汚染が心配だからマスクを持っていくよ。

我 担心 大气 污染，带 口罩 去。
Wǒ dānxīn dàqì wūrǎn, dài kǒuzhào qù.

😊 表現　担心 dānxīn＝心配する。口罩 kǒuzhào＝マスク

ホテルの予約

□ インターネットでホテルを探してみるね。

在 网上 找 一 找 酒店。
Zài wǎngshàng zhǎo yi zhǎo jiǔdiàn.

😊 表現　网上 wǎngshàng＝インターネット上

□ いろんな宿の種類があるらしい。

听说 有 各种 各样 的 酒店。
Tīngshuō yǒu gèzhǒng gèyàng de jiǔdiàn.

😊 表現　酒店 jiǔdiàn＝ホテル。中国の「酒店」は酒屋ではなく宿のこと。

□ ビジネスホテルなら泊まれるよ。

商务 酒店 的 话，可以 住。
Shāngwù jiǔdiàn de huà, kěyǐ zhù.

□ 夫婦じゃないと同じ部屋に泊まれないって本当?

不是 夫妻 不能 同住 一个 房间，对 不对?
Búshì fūqī bùnéng tóngzhù yīgè fángjiān, duì buduì?

😊 表現　房间 fángjiān＝部屋

□ 春節のときは宿泊料金が高い!

春节 的 时候 住宿费 太 贵!
Chūnjié de shíhou zhùsùfèi tài guì!

💡 プラスα　安宿といえば招待所が有名。住宿费 便宜 的 就是 招待所。Zhùsùfèi piányi de jiùshi zhāodàisuǒ.(安宿といえば招待所だよ。)

☐ 予約サイトからホテルを手配するね。

我 用 旅游 预订 网站，安排 酒店 吧。
Wǒ yòng lǚyóu yùdìng wǎngzhàn, ānpái jiǔdiàn ba.

😊 表現　网站 wǎngzhàn＝ウェブサイト。网は「網」を表す。

☐ 口コミやレビューを参考にしよう。

用 口碑 或 评论 来 参考 吧。
Yòng kǒubēi huò pínglùn lái cānkǎo ba.

😊 表現　口碑 kǒubēi＝口コミ

☐ 3つ星以上なら安心だね。

三星级 以上 的 酒店 的 话，就 安心 了。
Sānxīngjí yǐshàng de jiǔdiàn de huà, jiù ānxīn le.

☐ Wi-Fiとエアコンがあるとうれしいな。

最好 有 Wi-Fi 和 空调。
Zuìhǎo yǒu Wi-Fi hé kōngtiáo.

☐ 料金は1部屋単位が基本です。

基本上 住宿费 以 房间 为 单位。
Jīběnshàng zhùsùfèi yǐ fángjiān wéi dānwèi.

☐ 客室料金とは別にサービス料がかかるよ。

除了 住宿费 以外 还 需要 服务费。
Chúle zhùsùfèi yǐwài hái xūyào fúwùfèi.

☐ 駅からアクセスのよいホテルがいいね。

希望 酒店 到 车站 交通 方便。
Xīwàng jiǔdiàn dào chēzhàn jiāotōng fāngbiàn.

☐ 日系のホテルなら、日本人スタッフが多いかな。

日资 酒店 的 话，日本 的 工作 人员 很 多 吧。
Rìzī　jiǔdiàn de　huà，　Rìběn　de　gōngzuò rényuán hěn　duō　ba.

☐ 観光スポットに近いホテルにしようよ。

订 观光　景点 附近 的 酒店 吧。
Dìng guānguāng jǐngdiǎn fùjin　　de　jiǔdiàn ba.

☐ ツインルームを3泊予約しました。

订 了 三天 的 双人房。
Dìng le　sāntiān de　shuāngrénfáng.

☺ 表現 双人房 shuāngrénfáng＝ツインルーム

☐ シングルルームを2部屋予約しました。

订 了 两间 单人房。
Dìng le　liǎngjiān dānrénfáng.

💡 プラスα 单人房 dānrénfáng＝シングルルーム。大床房 dàchuángfáng＝ダブルルーム。套房 tàofáng＝スイートルーム

☐ 予約の変更は何日前までOK?

几天 之 前 可以 修改 预约?
Jǐtiān　zhī qián kěyǐ　　xiūgǎi　yùyuē?

☐ キャンセル料はいくらですか?

取消费 多少?
Qǔxiāofèi　duōshao?

☺ 表現 取消费 qǔxiāofèi＝キャンセル料

☐ 宿泊料金は現地払いです。

住宿费 在 当地 付款。
Zhùsùfèi　zài　dāngdì fùkuǎn.

☺ 表現 付款 fùkuǎn＝支払う

交通手段①

空港

Disc 1 -40

☐ 直行便？ 経由便？

直飞 的? 还是 换乘 的?
Zhífēi de? Háishì huànchéng de?

😊 **表現** 直飞 zhífēi＝(飛行機の)直行

☐ 成田から北京までの直行便です。

是 从 成田 到 北京 的 直飞 航班。
Shì cóng Chéngtián dào Běijīng de zhífēi hángbān.

💡 **プラスα** 从 羽田机场 坐 直飞 航班 去。Cóng Yǔtiánjīchǎng zuò zhífēi hángbān qù.（羽田空港から直行便で行きます。）

☐ 大連経由です。

经由 大连 的。
Jīngyóu Dàlián de.

☐ eチケットの領収書も持っていってね。

带 电子客票 的 收据 去 吧。
Dài diànzǐkèpiào de shōujù qù ba.

😊 **表現** 电子客票 diànzǐkèpiào＝eチケット。收据 shōujù＝レシート

☐ ＡＡＡ航空のカウンター前で待ち合わせね。

在 ＡＡＡ航空公司 柜台 前 集合 吧。
Zài AAAhángkōnggōngsī guìtái qián jíhé ba.

💡 **プラスα** 起飞 的 两个 小时 之前，请你 到 机场 来。Qǐfēi de liǎngge xiǎoshí zhī qián, qǐng nǐ dào jīchǎng lái.（空港には2時間前に到着するようにしてね。）

☐ お席は通路側、窓側どちらがよろしいですか？

你 想要 过道的 还是 靠窗 的 位置?
Nǐ xiǎngyào guòdào de háishì kàochuāng de wèizhì?

😊 **表現** 过道 guòdào＝通路側。靠窗 kàochuāng＝窓側。それぞれの言い方を覚えておくと便利。

☐ 預ける荷物はいくつですか?

托运 几件 行李?

Tuōyùn jǐjiàn xíngli?

😊 表現 行李 xíngli＝荷物

☐ ひとつです。

一件。

Yíjiàn.

😊 表現 荷物は件 jiànで数える。

☐ 8番搭乗口です。

是 八号 登机 口。

Shì bāhào dēngjī kǒu.

😊 表現 登机 口 dēngjī kǒu＝搭乗口

☐ 搭乗時間は何時ですか?

几点 登机?

Jǐdiǎn dēngjī?

☐ 免税店で買い物したいな。

我 想 在 免税店 买 东西。

Wǒ xiǎng zài miǎnshuìdiàn mǎi dōngxi.

☐ 芸能人のファンのお見送りだよ。

粉丝 给 明星 送行。

Fěnsī gěi míngxīng sòngxíng.

😊 表現 粉丝 fěnsī＝「ファン」の音訳

☐ 両替しておこうかな。

现在 换 钱 吧。

Xiànzài huàn qián ba.

☐ 台風で飛行機がキャンセルになっちゃった。

受 台风 影响　航班 被 取消 了。

Shòu táifēng yǐngxiǎng hángbān bèi qǔxiāo le.

📘 **文法** 被 bèiで受け身を表す。

☐ 次の便は何時?

下一个 航班 是 几点?

Xiàyíge hángbān shì jǐdiǎn?

☐ 搭乗手続きをお願いします。

请 办 登机 手续。

Qǐng bàn dēngjī shǒuxù.

😊 **表現** 办 bàn＝(手続きなど事務的なことを)する

機内

☐ ファーストクラスからのご案内です。

先 带 头等舱 的 旅客 到 机舱 去。

Xiān dài tóuděngcāng de lǚkè dào jīcāng qù.

💡 **プラスα** 头等舱 tóuděngcāng＝ファーストクラス。机舱 jīcāng＝キャビン。经济舱 jīngjìcāng＝エコノミークラス。公务舱 gōngwùcāng＝ビジネスクラス

☐ 旅が始まるね。

我们 的 旅游 要 开始 了。

Wǒmen de lǚyóu yào kāishǐ le.

📘 **文法** 要〜了 yào 〜 le＝まもなく〜する

機内

Disc 1 -41

☐ 今日は満席だね。

今天 没有 空位。

Jīntiān méiyǒu kòngwèi.

😊 **表現** 直訳は「今日は空席がない。」

☐ ひざかけください。

请 给 我 毛毯。

Qǐng gěi wǒ máotǎn.

☐ 荷物を入れてもらえますか。

请 把 行李 装进去。

Qǐng bǎ xíngli zhuāngjìnqù.

> 🔵 **文法** 把 bǎで目的語を動詞の前に置くことができる。

☐ シートベルトをしっかりお締めください。

请 系好 安全带。

Qǐng jìhǎo ānquándài.

> 😊 **表現** 安全带 ānquándài＝シートベルト

☐ 飛行機苦手なんだよ。

我 讨厌 坐 飞机。

Wǒ tǎoyàn zuò fēijī.

> 😊 **表現** 讨厌 tǎoyàn＝いやだ

☐ 当機はまもなく離陸します。

本架 飞机 快要 起飞 了。

Běnjià fēijī kuàiyào qǐfēi le.

> 💡 **プラスα** 飞机 一直 不走。Fēijī yìzhí bùzǒu.(なかなか出発しないね。)

☐ 台風の影響でゆれるって。

听说 受 台风 的 影响，飞机 可能 会 摇晃。

Tīngshuō shòu táifēng de yǐngxiǎng, fēijī kěnéng huì yáohuàng.

> 🔵 **文法** 听说〜 tīngshuō〜＝〜らしい、〜だそうだ

☐ 気分が悪いのですが。

我 身体 不舒服。

Wǒ shēntǐ bùshūfu.

> 😊 **表現** 舒服 shūfu＝気持ちがいい。会話で使うことが多い表現。

☐ シートベルト着用のサインが消えたよ。

安全带 的 指示灯 熄灭 了。
Ānquándài de zhǐshìdēng xīmiè le.

☐ 日本人のCAは乗っていますか?

机上 有 没有 日本人 的 空服员?
Jīshàng yǒu méiyǒu Rìběnrén de kòngfúyuán?

☐ コーヒーください。

请 给 我 一杯 咖啡。
Qǐng gěi wǒ yìbēi kāfēi.

🔘 プラスα 不要 牛奶 和 糖。Búyào niúnǎi hé táng.(ミルクと砂糖はいりません。)

☐ トレーをさげてください。

麻烦 你 收拾 一下 托盘。
Máfan nǐ shōushi yíxià tuōpán.

😊 表現 收拾 shōushi＝片づける

☐ 定刻どおりですか?

按时 飞行 吗?
Ànshí fēixíng ma?

🔘 プラスα 大概 延迟 三十分 钟 左右。Dàgài yánchí sānshifēn zhōng zuǒyòu.(30分くらい遅れています。)

☐ 入国カードを記入しておこう。

先 填写 入境卡 吧。
Xiān tiánxiě rùjìngkǎ ba.

😊 表現 入境卡 rùjìngkǎ＝入国カード

☐ まもなく着陸します。

本架 飞机 快要 降落 了。
Běnjià fēijī kuàiyào jiàngluò le.

機内

97

Disc 1 -42

☐ こんにちは。チェックインをお願いします。

你好。我想办入住手续。
Nǐ hǎo. Wǒ xiǎng bàn rùzhù shǒuxù.

リホ

フロント

☐ お名前をお願いします。

问一下你的姓名。
Wèn yíxià nǐ de xìngmíng.

☐ 高橋里保です。

我叫高桥里保。
Wǒ jiào Gāoqiáo Lǐbǎo.

リホ

フロント

☐ 本日から3泊。ツイン2名様ですね?

住三天,双人房,两个人,对吧?
Zhù sāntiān, shuāngrénfáng, liǎngge rén, duì ba?

☐ はい、そうです。

是的。
Shì de.

リホ

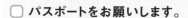

☐ パスポートをお願いします。

给 我 看 一下 护照。

Gěi wǒ kàn yíxià hùzhào.

😊 表現　护照 hùzhào＝パスポート

☐ パスポートとバウチャーです。

这 是 护照 和 预约单。

Zhè shì hùzhào hé yùyuēdān.

☐ 予約してませんが、空いている部屋はありますか?

我 没有 预订，现在 有 空房 吗?

Wǒ méiyǒu yùdìng, xiànzài yǒu kòngfáng ma?

☐ ツインルームが1部屋空いています。

有 一间 双人房。

Yǒu yìjiān shuāngrénfáng.

☐ 今日から2泊3日でお願いします。

订 三天 吧。

Dìng sāntiān ba.

😊 表現　三天两夜 sāntiānliǎngyè といってもいいが、三天 sāntiān でも通じる。

☐ 到着が夜8時になってしまいます。

晚上 八点 我们 才 能 到达。

Wǎnshang bādiǎn wǒmen cái néng dàodá.

☐ 朝食は何時から何時までですか？

早餐 几点 到 几点?

Zǎocān jǐdiǎn　dào jǐdiǎn?

💡 プラスα　早餐 在 哪里 吃? Zǎocān zài nǎli chī?（朝食はどこで食べられますか？）

☐ 朝食はビュッフェスタイルです。

早餐 是 自助餐 方式。

Zǎocān shì zìzhùcān fāngshì.

☺ 表現　自助餐 zìzhùcān＝ビュッフェ

☐ 部屋は5階の502号室です。

你 的 房间 是 5楼 的 502号 房间。

Nǐ de fángjiān shì wǔlóu de wǔlíngèrhào fángjiān.

☐ 荷物を持ってもらえますか？

请 你 帮 我 拿 行李。

Qǐng nǐ bāng wǒ ná xíngli.

☐ 空調の調整はどうすればいいですか？

房间 的 空调 怎么 调整?

Fángjiān de kōngtiáo zěnme tiáozhěng?

☐ Wi-Fiのパスワードを教えてください。

请 告诉 我 Wi-Fi 的 密码。

Qǐng gàosu wǒ Wi-Fi de mìmǎ.

☺ 表現　密码 mìmǎ＝パスワード

☐ シャワーのお湯が出ないのですが。

洗澡间 没有 热水 了。

Xǐzǎojiān méiyǒu rèshuǐ le.

☐ 隣の部屋がうるさい！

隔壁 房间 的 声音 太 吵 了！
Gébì fángjiān de shēngyīn tài chǎo le!

☐ 部屋を替えてほしいです。

我 想 换个 房间。
Wǒ xiǎng huànge fángjiān.

☐ チェックアウトをお願いします。

我 要 退房。
Wǒ yào tuìfáng.

☺ 表現　退房 tuìfáng＝チェックアウト

☐ 荷物は預けられますか？

我 的 行李 可以 寄存 吗?
Wǒ de xíngli kěyǐ jìcún ma?

☺ 表現　寄存 jìcún＝預ける

☐ もう1泊延長したいんですが。

我 想 再 延长 一晚。
Wǒ xiǎng zài yáncháng yìwǎn.

☐ 明細書の代金に間違いがあります。

清单上 的 金额 有 错。
Qīngdānshang de jīn'é yǒu cuò.

☺ 表現　清单 qīngdān＝明細書

☐ これはなんの料金ですか？

这 是 什么 费用?
Zhè shì shénme fèiyòng?

空港

中国の国際空港

　中国の空港は市街からかなり離れたところにある場合がほとんどです。空港から市街まで50kmくらい離れていることもあります。

　また、北京や上海のように、都市の中に空港が2か所存在する場合もあります。空港にはサブネームのような別名がついているので、自分が利用するほうはどちらなのか、間違えないようにしましょう。

例

北京

首都国際空港
（市中心部から北東へ約25km）

大興国際空港
（市中心部から南へ約50km）

上海

浦東国際空港
（市中心部から東へ約30km）

虹橋国際空港
（市中心部から西へ約15km）

＊地方では都市空港のほかに軍用空港を民間で利用している場合もある

市街へのアクセス

　上海の浦東国際空港からは市内までリニアモーターカーによる交通システムがありますが、ほとんどの空港ではシャトルバスやタクシーで市内のホテルへ向かうことになります。タクシーの運転手との会話は基本的に中国語ですが、紙に目的地を書いて見せると簡単です。ただし、中国では場所や建物名を運転手が理解していることは少ないので、前もって住所や通りの名前も書き添えておくほうが無難です。

　中国の車道は右側通行。私たちは右側のドアから乗ることになります。日本のような自動ドアではないので、自分でドアを開けて乗車します。

タクシーでの注意

　空港やホテルからタクシーに乗るときは、必ずタクシー乗場から乗りましょう。どこの国にもあり得ることですが、やはり悪いことを考えている人がいるのです。到着ロビーで勧誘をしてくる人は、ほぼ違法タクシーですので、相手にせずタクシー乗場に向かいましょう。

　発車するときには、メーターを倒したかどうかを念のため確認し、到着後はメーターの表示を確認して料金を支払い、レシートをもらいます。また、お釣りがないときのトラブルを避けるため、高額紙幣（100元札）ではなく小額紙幣（10元、20元）をなるべく多く持っておくことも大切です。トランクに入れた荷物を全部おろすまで料金を払わないなどの注意も必要です。

　近い国とは言っても「外国にいる」「自分の身を守る」という意識を常に持っておく必要があります。

THEME 9 交通手段②

タクシー

☐ タクシーを呼んでください。

请 叫 一辆 出租车。

Qǐng jiào yíliàng chūzūchē.

☐ 天安門広場までお願いします。

我 去 天安门 广场。

Wǒ qù Tiān'ānmén guǎngchǎng.

☐ (住所を見せながら)ここに行ってもらえますか?

我 想 去 这个 地方。

Wǒ xiǎng qù zhège dìfang.

☐ モバイル決済はできますか?

能 不能 用 手机 支付?

Néng bunéng yòng shǒujī zhīfù?

😊 表現 手机 支付 shǒujī zhīfù=モバイル決済

☐ 白タクはぼったくられるよ!

黑车 常常 宰 客人。

Hēichē chángcháng zǎi kèrén.

💡 プラスα 黑 hēiは不審さのある場面で使われることが多い。
現在 黑 在 国外 的 人 越来越 少 了。Xiànzài hēi zài Guówài de rén yuèláiyuè shǎo le.(現在は外国で不法滞在する人が少なくなった。)

☐ メーターが動いてませんよ。

打 表 吧。

Dà biǎo ba.

😊 表現 「メーターを動かしてくれ」という意味。

☐ 空港までいくらくらいかかりますか?

从 这里 到 飞机场 要 多少钱?

Cóng zhèli dào fēijīchǎng yào duōshaoqián?

☺ 表現　多少钱? Duōshaoqián? (いくら?)というフレーズはよく使うので覚えておこう。

☐ 車が右側通行だね。

在 中国，汽车 靠 右 行驶。

Zài Zhōngguó, qìchē kào yòu xíngshǐ.

タクシー／バス

☐ 渋滞してるな。

堵车。

Dǔchē.

☐ 帰りも5時に迎えに来てもらえますか?

回去 时 五点 来 接 我，好 吗?

Huíqù shí wǔdiǎn lái jiē wǒ, hǎo ma?

☺ 表現　接 jiē＝迎える

☐ 停まってください!

停 车!

Tíng chē!

バス

Disc
1 -45

☐ あの路線番号のバスに乗りたい。

想 坐 那条 路线 的 巴士。

Xiǎng zuò nàtiáo lùxiàn de bāshì.

☺ 表現　巴士 bāshì＝バスの音訳

105

☐ 博物館に行くには何番のバスに乗ればよいですか?

去 博物馆，要 坐 几路 巴士?
Qù bówùguǎn, yào zuò jǐlù bāshì?

☐ 10分に1本くらいの間隔で来るよ。

十分钟 有 一班 车。
Shífēnzhōng yǒu yìbān chē.

☺ 表現 バスの本数は班 bānで数える。

☐ 運賃はいつ払うの?

车费 什么时候 付?
Chēfèi shénmeshíhou fù?

💡 プラスα 坐 车 时 付 车费。Zuò chē shí fù chēfèi.（運賃は先払いです。)

☐ 運賃はいくらですか?

车费 多少钱?
Chēfèi duōshaoqián?

☐ おつりは出ないから小銭を用意して。

没有 找 零 的，自己 准备 零钱 吧。
Méiyǒu zhǎo líng de, zìjǐ zhǔnbèi língqián ba.

💡 プラスα 零钱 língqián＝小銭。有 交通卡 的 话，很 方便。Yǒu jiāotōngkǎ de huà,hěn fāngbiàn.（ICカードがあると便利だね。)

☐ お年寄りと妊婦には席をゆずるのがマナー。

礼貌 上，应该 给 老人 和 孕妇 让 座。
Lǐmào shang, yīnggāi gěi lǎorén hé yùnfù ràng zuò.

☺ 表現 应该～ yīnggāi～＝～すべきである

☐ しっかり手すりにつかまって!

紧紧 抓住 扶手 吧。
Jǐnjǐn zhuāzhù fúshǒu ba.

☐ そこ空いていますか?

那里 有 人 吗?
Nàli　yǒu rén　ma?

😊 表現 直訳は「そこには人がいますか?」

☐ 降ります!

下 车!
Xià　chē!

☐ 始発は何時かな?

首班车 几点 出发?
Shǒubānchē jǐdiǎn　chūfā?

😊 表現 首班车 shǒubānchē＝(バス・電車の)始発

☐ 北京まで高速バスで行きます。

到 北京 坐 高速 巴士。
Dào Běijīng zuò gāosù　bāshì.

☐ 上海行きのチケットを2枚ください。

我 要 两张　去 上海　的 票。
Wǒ yào liǎngzhāng qù Shànghǎi de　piào.

地下鉄・電車・国内線　Disc 1 -46

☐ ラッシュ時は日本以上の大混雑!

高峰 时间,比 日本 更 拥挤!
Gāofēng shíjiān,　bǐ　Rìběn　gèng yōngjǐ!

😊 表現 高峰 时间 gāofēng shíjiān＝ピーク時間

☐ 乗る前に手荷物検査があります。

乘车 之 前 进行 行李 检查。

Chéngchē zhī qián jìnxíng xíngli jiǎnchá.

★カルチャー 長距離間の移動をする際には、大量の危険物や大きな刃物の所持がないか、駅で手荷物検査が行われる。荷物を丸ごとX線検査機に載せたり、簡単なボディチェックを受けたりするだけなので、数秒にひとりのペースで通過しているようだ。

☐ ICカードを買っておこう。

事先 买 交通卡 吧。

Shìxiān mǎi jiāotōngkǎ ba.

😊 表現 交通卡 jiāotōngkǎ＝ICカード

☐ 混んでて乗れない。

乘客 太 多，我 坐不上。

Chéngkè tài duō, wǒ zuòbushàng.

☐ 次の電車にしましょう。

坐 下 一班 电车 吧。

Zuò xià yìbān diànchē ba.

😊 表現 下 xiàは次回を表す。

☐ 高速鉄道は時速200キロ以上で走るよ。

高铁 以 时速 二百 公里 以上 的 速度 行驶。

Gāotiě yǐ shísù èrbǎi gōnglǐ yǐshàng de sùdù xíngshǐ.

😊 表現 高铁 gāotiěは高速铁道 gāosùtiědàoの略。

☐ 何等車にする?

坐 几等车?

Zuò jǐděngchē?

💡 プラスα 中国の高速鉄道の座席は、一般的に飛行機のビジネスクラスのような商務座と新幹線のグリーン車のような一等車、普通車のような二等車に分けられている。

☐ 2等車にしましょう。

坐 二等车 吧。

Zuò èrděngchē ba.

☐ 高速鉄道の食堂車を利用してみない？

去 高铁 的 餐车，怎么样?
Qù gāotiě de cānchē, zěnmeyàng?

☐ トイレはついてますか？

车厢里 有 洗手间 吗?
Chēxiānglǐ yǒu xǐshǒujiān ma?

😊 表現　车厢 chēxiāng＝車両

☐ 乗りすごしちゃった。

不小心 坐过 了 站。
Bùxiǎoxīn zuòguò le zhàn.

☐ 電車の事故があったみたい。

好像 发生 了 电车 事故。
Hǎoxiàng fāshēng le diànchē shìgù.

😊 表現　好像〜 hǎoxiàng〜＝〜のようだ

☐ 高速鉄道とどっちが早く着くかな。

和 高铁 比 哪个 早到?
Hé gāotiě bǐ nǎge zǎodào?

☐ 大連からハルビンまで国内線で移動します。
　だいれん

从 大连 到 哈尔滨 坐 国内 航班 去。
Cóng Dàlián dào Hā'ěrbīn zuò guónèi hángbān qù.

☐ 飛行機のほうがちょっとだけ早く着くね。

飞机 比 高铁 稍微 早一点儿 到达。
Fēijī bǐ gāotiě shāowēi zǎoyìdiǎnr dàodá.

THEME 10 観光

観光

Disc 1 -47

☐ おすすめの観光地はありますか?

有 没有 你 推荐 的 观光　景点?
Yǒu méiyǒu nǐ　tuījiàn　de　guānguāng jǐngdiǎn?

😊 **表現** 推荐 tuījiàn＝推薦する

☐ 中国の世界遺産が見たいな。

我 想 看 中国　的 世界遗产。
Wǒ　xiǎng kàn Zhōngguó de　shìjièyíchǎn.

☐ 北京、西安^{シーアン}、上海の三都巡りがおすすめ!

我 推荐 去 北京、西安 和 上海　旅游。
Wǒ　tuījiàn　qù　Běijīng,　Xī'ān　hé　Shànghǎi lǚyóu.

☐ シルクロードに行ってみたかったんだ。

我 一直 想　去 丝绸之路。
Wǒ　yìzhí　xiǎng qù　Sīchóuzhīlù.

😊 **表現** 丝绸之路 Sīchóuzhīlù＝シルクロード

☐ 観光マップはどこに行けばあるのかな?

哪里 有 游览图?
Nǎlǐ　　yǒu yóulǎntú?

☐ レンタサイクルってあるのかな?

有 没有 出租 自行车 的?
Yǒu méiyǒu chūzū　zìxíngchē de?

◯ 京劇を見てみたい。

我 很 想 看 京剧。

Wǒ hěn xiǎng kàn Jīngjù.

★カルチャー 京劇は中国の伝統的な古典演劇。

◯ 荷物を預けるところはありますか?

这里 有 没有 行李 寄存处?

Zhèli yǒu méiyǒu xínglǐ jìcúnchù?

◯ 眺めのいいところはどこですか?

哪里 的 风景 最 好?

Nǎli de fēngjǐng zuì hǎo?

観光

◯ 写真を撮ってもらえますか?

麻烦 你 给 我 拍 一张 照片。

Máfan nǐ gěi wǒ pāi yìzhāng zhàopiàn.

◯ いいですよ。

好 的。

Hǎo de.

◯ 天安門をバックにして撮りたいんです。

我 想 以 天安门 为 背景 拍照。

Wǒ xiǎng yǐ Tiān'ānmén wéi bèijǐng pāizhào.

◯ 笑って!

笑 一 笑。

Xiào yi xiào.

◻ はい、チーズ。

茄子!

Qiézi!

> 😊 **表現** 中国では写真を撮るとき、「チーズ」ではなく「茄子 qiézi (なす)」という。

◻ トイレはどこですか?

厕所 在 哪里?

Cèsuǒ   zài   nǎlǐ?

おすすめスポット

◻ 故宮広い!

故宫 很 大!

Gùgōng hěn dà!

◻ 万里の長城って長さはどのくらいあるの?

长城　 有 多长?

Chángchéng yǒu duōcháng?

> ⭐ **カルチャー** およそ2200年前、秦の始皇帝の時代に築かれ始め、増築・修繕を繰り返して現在の総延長は2万km以上に。その中でも特に城壁の保存状態がよくて人気が高いのは、北京市街地から車で約1時間の位置にある「八達嶺」。

◻ 青島には昔のドイツ風の建築物が残っています。
（チンタオ）

青岛 市内 保留着 德国 的 老 建筑。

Qīngdǎo shìnèi bǎoliúzhe Déguó de lǎo jiànzhù.

> 💧 **文法** ～着 ～zheで状態が続いていることを表す。

◻ すてきな街並み!

街道 很 漂亮!

Jiēdào hěn piàoliang!

112

☐ 水墨画みたいな景色が見たいな。

我 想 看 水墨画 那样 的 风景。
Wǒ xiǎng kàn shuǐmòhuà nàyàng de fēngjǐng.

カルチャー 中国のような大きな国は地方によって景観も様々。水墨画のような世界といえば、桂林の漓江(広西チワン族自治区)や黄山(安徽省)、張家界(湖南省)などが挙げられる。

☐ 少林寺はどこにあるの?

少林寺 在 哪个 地方?
Shàolínsì zài nǎge dìfang?

カルチャー 映画でも有名な少林寺は河南省の登封にある。

☐ 上海の観光スポットといえば外灘。

上海 的 观光 景点 就 是 外滩。
Shànghǎi de guānguāng jǐngdiǎn jiù shì Wàitān.

☐ 蘇州は東洋のベニスといわれているよ。

苏州 被 称为 东洋 的 威尼斯。
Sūzhōu bèi chēngwéi dōngyáng de Wēinísī.

☐ 三国志ゆかりの都市を巡りたいな。

我 想 周游 与 三国志 有 缘 的 城市。
Wǒ xiǎng zhōuyóu yǔ Sānguózhì yǒu yuán de chéngshì.

表現 有 缘 yǒu yuán＝縁がある

☐ 成都でパンダと記念撮影するよ!

在 成都, 和 熊猫 拍 纪念照!
Zài Chéngdū, hé xióngmāo pāi jìniànzhào!

☐ 100万ドルの夜景だね!

价值 百万 美金 的 夜景!
Jiàzhí bǎiwàn měijīn de yèjǐng!

THEME 11 道をたずねる

道を聞く

 Disc 1 -49

☐ 観光案内所はどこですか?

旅游 咨询 中心 在 哪里?

Lǚyóu zīxún zhōngxīn zài nǎlǐ?

★カルチャー 中国にも岗亭 gǎngtíngという警察の輪番制の見張り小屋のようなものはあるが、日本のように道を教えてくれたり落とし物の世話をしてくれたりという機能はないようだ。

☐ 道に迷ってしまいました。

我 迷路 了。

Wǒ mílù le.

☐ ここはどこですか?

这 是 什么 地方?

Zhè shì shénme dìfang?

☐ 困ったな……。

真 伤 脑筋……。

Zhēn shāng nǎojīn…….

😊 表現 伤 脑筋 shāng nǎojīn＝心を悩ます、頭を痛める

☐ さっきの道に戻ったほうがいいのかな?

还是 回到 原来 的 路 好 吗?

Háishi huídào yuánlái de lù hǎo ma?

☐ 目印を教えてください。

请 告诉 我 标记。

Qǐng gàosu wǒ biāojì.

☐ なんていう通りにありますか?

沿着 哪条 路?

Yánzhe nǎtiáo lù?

☐ この地図で、ここはどこですか?

在 这张 地图 上，我们 现在 在 哪里?

Zài zhèzhāng dìtú shang, wǒmen xiànzài zài nǎlǐ?

☐ ここから遠いですか?

离 这里 远 不远?

Lí zhèli yuǎn buyuǎn?

☐ 歩いて行けますか?

可以 走着 去 吗?

Kěyǐ zǒuzhe qù ma?

💡 プラスα 需要 多少 分 钟? Xūyào duōshao fēn zhōng?（何分くらいかかりますか?）

☐ このまま、まっすぐ行けばいいんですね?

这样 一直 走 就 可以 吗?

Zhèyàng yìzhí zǒu jiù kěyǐ ma?

😊 表現 一直 yìzhí＝まっすぐ、ずっと

☐ 右に曲がればいいの? それとも左?

往 右拐 还是 往 左 拐?

Wǎng yòu guǎi háishì wǎng zuǒ guǎi?

😊 表現 拐 guǎi＝曲がる

☐ 地図の見方がわかりません。

我 看不懂 地图。

Wǒ kànbudǒng dìtú.

💡 プラスα 我 没有 方向感。Wǒ méiyǒu fāngxiànggǎn.（私は方向音痴です。）

☐ タクシーに乗っちゃおうよ。

坐 出租车 吧。

Zuò chūzūchē　ba.

☐ なにかお困りですか?

你 需要 我 的 帮助 吗?

Nǐ　xūyào　wǒ　de　bāngzhù ma?

😊 **表現** 直訳は「私の助けを必要としていますか?」

☐ ホテルの住所はわかりますか?

你 知道 酒店 的 地址 吗?

Nǐ　zhīdào　jiǔdiàn　de　dìzhǐ　ma?

☐ その交差点を右に曲がってください。

请 在 那个 路口 右拐。

Qǐng zài nàge　lùkǒu　yòuguǎi.

😊 **表現** 路口 lùkǒu＝交差点

☐ まったく逆の方向です。

完全 相反 的 方向。

Wánquán xiāngfǎn de　fāngxiàng.

☐ 5分くらい歩けば着きますよ。

走 五分 钟 就 到。

Zǒu wǔfēn　zhōng jiù　dào.

😊 **表現** 走 zǒu は「走る」ではなく「歩く」。

☐ すぐそこですよ。

就 在 那里。
Jiù zài nàli.

☐ 道なりに行ってみて。

沿着 这条 路 走 吧。
Yánzhe zhètiáo lù zǒu ba.

☐ 現在地はここです。

现在 的 位置 在 这里。
Xiànzài de wèizhi zài zhèli.

☐ 突き当たりを左に行ってみて。

走到 头 之 后，往 左拐。
Zǒudao tóu zhī hòu， wǎng zuǒguǎi.

☐ 僕にはわからないな。

我 不 清楚。
Wǒ bù qīngchu.

☐ 別の人に聞いてみて。

问 一问 别人 吧。
Wèn yiwèn biéren ba.

💡プラスα 抱歉 没能 帮 到 您。Bàoqiàn méinéng bāng dào nín.（お役に立てずにすみません。）

☐ 案内しましょうか？

要 我 为 你 做 向导 吗?
Yào wǒ wèi nǐ zuò xiàngdǎo ma?

☺表現 向导 xiàngdǎo＝道案内、ガイド

THEME 12　現地で暮らす

不動産　Disc 1 -51

☐ 部屋を探しています。

我 想 找 个 房子。

Wǒ xiǎng zhǎo ge fángzi.

☐ 不動産屋に行けばいいのかな?

应该 去 中介公司 吗?

Yīnggāi qù zhōngjiègōngsī ma?

😊 表現　中介公司 zhōngjiègōngsī＝不動産会社

☐ 部屋が3室とリビングルーム、トイレ、バスルームつきです。

有 三个 房间，带 客厅、洗手间 和 洗澡间 的。

Yǒu sānge fángjiān, dài kètīng, xǐshǒujiān hé xǐzǎojiān de.

💬 文法　A・B・Cを並列するような場合は、A、B 和 hé Cとなる。AとBの間は「,（カンマ）」ではなく「、（読点）」を使う。

☐ 家賃の相場はどのくらい?

一般 房租 平均 价格 多少?

Yìbān fángzū píngjūn jiàgé duōshao?

☐ 1LDKで4000元くらいです。

一室 一厅 每个 月 四千块 左右。

Yíshì yìtīng měige yuè sìqiānkuài zuǒyòu.

☐ 敷金、礼金は必要ですか?

要 押金 和 中介费 吗?

Yào yājīn hé zhōngjièfèi ma?

😊 表現　押金 yājīn＝保証金。中介费 zhōngjièfèi＝礼金

118

☐ 家具と家電つきです。

备有 家具 和 家电。
Bèiyǒu jiājù hé jiādiàn.

☐ 水回りをチェックしたほうがいいよ。

最好 检查 一下 厨房、厕所 和 浴室。
Zuìhǎo jiǎnchá yíxià chúfáng, cèsuǒ hé yùshì.

(͡° ͜ʖ) 表現 　直訳は「キッチン、トイレ、浴室をチェックしたほうがいいよ。」

☐ もうちょっと安くなりませんか?

可以 再 便宜 一点 吗?
Kěyǐ zài piányi yìdiǎn ma?

☐ ルームシェアする人いないかな?

有 没有 合租 的 室友?
Yǒu méiyǒu hézū de shìyǒu?

(͡° ͜ʖ) 表現 　合租 hézū＝一緒に借りる。室友 shìyǒu＝ルームメイト

☐ インターネットで探してみたら?

在 网上 找 一找 怎么样?
Zài wǎngshàng zhǎo yìzhǎo zěnmeyàng?

☐ 北京の家賃は高騰しています。

北京 的 房租 水平 正在 上涨。
Běijīng de fángzū shuǐpíng zhèngzài shàngzhǎng.

(͡° ͜ʖ) 表現 　上涨 shàngzhǎng＝高騰する

☐ セキュリティのしっかりした部屋を借りましょう。

租借 比较 安全 的 房子 吧。
Zūjiè bǐjiào ānquán de fángzi ba.

☐ アルバイトをするには労働ビザが必要です。

打工 的 话，需要 工作 签证。
Dǎgōng de huà, xūyào gōngzuò qiānzhèng.

★ カルチャー 現地で労働による収入を得るためには、Zビザという就労ビザを取得しなければ
ならず、日本の中国大使館（領事館）での手続きが必要。

☐ 時給はいくらですか?

小时 工资 多少?
Xiǎoshí gōngzī duōshao?

😊 表現 小时 工资 xiǎoshí gōngzī＝時給

☐ 労働時間はどのくらいですか?

工作 时间 多长?
Gōngzuò shíjiān duōcháng?

☐ 申し訳ありません、売り切れです。

很 抱歉，已经 卖完 了。
Hěn bàoqiàn, yǐjīng màiwán le.

☐ かしこまりました。

知道 了。
Zhīdào le.

☐ またお越しください。

欢迎 你 下 一次 再 来。
Huānyíng nǐ xià yícì zài lái.

オフィスでの会話

☐ 高橋さんはいらっしゃいますか?

高桥 先生 在 吗?
Gāoqiáo xiānsheng zài ma?

💡プラスα 相手が男性なら先生 xiānsheng 、女性なら女士 nǔshìという。

働く／オフィスでの会話

☐ あいにく席を外しています。

很 不巧 他 不 在。
Hěn bùqiǎo tā bú zài.

☐ 会議を来週月曜日の午後2時から行います。

下星期一 下午 两点 开会。
Xiàxīngqīyī xiàwǔ liǎngdiǎn kāihuì.

☐ 全員出席してください。

请 全员 都 参加。
Qǐng quányuán dōu cānjiā.

☐ コピーを10部お願いできますか?

麻烦 你 复印 十份。
Máfan nǐ fùyìn shífèn.

😊表現 复印 fùyìn＝コピーする

☐ このメールを日本語に翻訳してください。

请 你 把 这个 邮件 翻译成 日语。
Qǐng nǐ bǎ zhège yóujiàn fānyìchéng Rìyǔ.

☐ プリンタの用紙がなくなりました。

打印机 的 纸 没有 了。

Dǎyìnjī de zhǐ méiyǒu le.

☺ 表現 打印机 dǎyìnjī＝プリンタ

☐ お先に失礼します。

我 先 走 了。

Wǒ xiān zǒu le.

☐ よろしくお願いいたします。

请 多多 关照。

Qǐng duōduō guānzhào.

☺ 表現 かなり文語的な表現。

☐ お疲れさまです。

辛苦 了。

Xīnkǔ le.

☐ まずい！遅刻しちゃう！

糟 了！迟到 了！

Zāo le! Chídào le!

☐ 今日は病欠します。

我 生病 了，今天 请 假。

Wǒ shēngbìng le, jīntiān qǐng jiǎ.

☐ 仕事が終わったら飲みにいかない？

工作 完 了 之后，去 喝 一杯 酒 怎么样?

Gōngzuò wán le zhī hòu, qù hē yìbēi jiǔ zěnmeyàng?

💡 プラスα 对不起, 今天 我 有 事。Duìbuqǐ, jīntiān wǒ yǒu shì. (今日は予定が入っているの。)

☐ お問い合わせの件についてご連絡します。

关于 您 咨询 之 事，我 联系 一下。
Guānyú nín zīxún zhī shì, wǒ liánxì yíxià.

☐ なるべく早くお返事いただけると助かります。

希望 尽量 早 点 给 我 回答。
Xīwàng jǐnliàng zǎo diǎn gěi wǒ huídá.

☐ 今週中に回答いただけますでしょうか？

这个 星期 之 内 给 我 回答，好 吗?
Zhège xīngqī zhī nèi gěi wǒ huídá, hǎo ma?

☐ 大変申し訳ありませんが、ご検討いただけますでしょうか。

非常 抱歉，你们 研究 一下。
Fēicháng bàoqiàn, nǐmen yánjiū yíxià.

💡 プラスα 研究 yánjiū＝検討する。日本語と同じ字の「検討」、检讨 jiǎntǎoは「自己批判する」という意味になるので注意。

☐ お問い合わせの件、お答えします。

我 来 回答 您 咨询 的 事。
Wǒ lái huídá nín zīxún de shì.

☺ 表現 このように動詞の前に来 láiをつけることで前向きな姿勢を表すことができる。

☐ 以上、よろしくお願いいたします。

就 拜托 了。
Jiù bàituō le.

☺ 表現 この拜托 bàituōも、「よろしく」という依頼によく使われる。

☐ なにかございましたら、ご連絡ください。

如果 有 问题，随时 跟 我 联系。

Rúguǒ　yǒu wèntí,　　suíshí　gēn wǒ　liánxì.

☺ 表現　随时 suíshí＝いつでも

☐ いただいた添付ファイルが開かないのですが。

我 打不开 你 发来 的 附件。

Wǒ dǎbukāi　nǐ　fālái　　de　fùjiàn.

☺ 表現　附件 fùjiàn＝添付ファイル

☐ 取り急ぎ、用件まで。

首先 汇报 一下。

Shǒuxiān huìbào　yíxià.

メール・チャットのやりとり　Disc 1 -55

☐ メールアドレスを教えてくれませんか?

能 告诉 我 您 的 邮箱 地址 吗?

Néng gàosu　wǒ nín de　yóuxiāng dìzhǐ　　ma?

☺ 表現　邮箱 地址 yóuxiāng dìzhǐ＝メールアドレス

☐ 笑笑笑

笑笑笑

Xiào xiào xiào

☐ そうそう!

对! 对!

Duì!　　duì!

☐ マジで?

真 的?

Zhēn de?

☐ そうなんだ!

原来 是 这样 啊!

Yuánlái shì zhèyàng a!

☐ えーっと……。

那个……

Nàge ……

（:）表現　日本語の「あの〜」の感覚。

☐ OK!

好 啊!

Hǎo a!

☐ すごいね!

好 厉害!

Hǎo lìhai!

☐ 了解!

知道 了!

Zhīdào le!

☐ ありえない。

不可能 的。

Bùkěnéng de.

日常のトラブル

街中

 Disc 1 -56

☐ **泥棒！**

小偷！

Xiǎotōu!

💡 **プラスα** 偷 tōu＝盗む。抓住 他！Zhuāzhù tā！（だれか捕まえて！）

☐ **お財布をすられた。**

钱包 被 偷 了。

Qiánbāo bèi tōu le.

☐ **交通事故に遭いました。**

我 遇到 交通 事故 了。

Wǒ yùdào jiāotōng shìgù le.

☐ **ひどいぼったくりだ。**

被 宰 了。

Bèi zǎi le.

😊 **表現** 「ぼったくられた」という意味。

☐ **警察を呼んでください。**

叫 警察 吧。

Jiào jǐngchá ba.

💡 **プラスα** 救救 我！Jiùjiu wǒ！（助けて！）

☐ **カードを止めないと！**

马上 把 卡 停了！

Mǎshàng bǎ kǎ tíngle!

☐ パスポートがなくなった。

我 的 护照 丢 了。

Wǒ de hùzhào diū le.

😊 **表現** 丢 diū＝なくす、失う

☐ 日本大使館に連絡しましょう。

跟 日本 大使馆 联系 吧。

Gēn Rìběn dàshǐguǎn liánxì ba.

急病

Disc
1 -57

☐ お腹が痛いよ。

我 肚子 疼。

Wǒ dùzi téng.

💡 **プラスα** 好像 经痛。Hǎoxiàng jīngtòng.（生理痛かな。）

☐ 空気が悪くて、目がしょぼしょぼする。

空气 不好，我 两眼 干涩。

Kōngqì bùhǎo, wǒ liǎngyǎn gānsè.

😊 **表現** 干涩 gānsè＝（目が）乾く、しょぼしょぼする

☐ ハックション！

阿嚏！

Ātì!

😊 **表現** くしゃみの音はこのようになる。

☐ 薬局で薬を買ってこようか？

去 药房 买 药 吗?

Qù yàofáng mǎi yào ma?

○ 病院に連れていってください。

带 我 去 医院 吧。

Dài wǒ qù yīyuàn ba.

○ 救急車を呼んでください！

叫 救护车 吧。

Jiào jiùhùchē ba.

○ 治療費、どのくらいかかるかな？

治疗费 到底 要 多少?

Zhìliáofèi dàodǐ yào duōshao?

☺ 表現 到底 dàodǐ＝いったい

○ 日本語のわかるお医者さんはいますか？

有 懂 日语 的 医生 吗?

Yǒu dǒng Rìyǔ de yīshēng ma?

○ 骨が折れているかも。

可能 骨折 了。

Kěnéng gǔzhé le.

○ みるみる腫れてきた。

眼看，肿起来 了。

Yǎnkàn, zhǒngqilái le.

☺ 表現 眼看 yǎnkàn＝見る間に、すぐ

○ 全治2か月です。

完全治愈 需要 两个月。

Wánquánzhìyù xūyào liǎnggeyuè.

💡 プラスα 要 住院 一周。Yào zhùyuàn yìzhōu.（1週間の入院です。）

CHAPTER 4

買いもの・グルメ・
美容

なりきりミニ会話④

Disc 1 -58

店員

☐ いらっしゃいませ。

欢迎　光临。
Huānyíng guānglín.

店員

☐ なにをお探しですか?

你 找　什么?
Nǐ　zhǎo shénme?

☐ 妹にあげる印鑑を探しています。

我 在 给　妹妹 找　印章。
Wǒ zài gěi　mèimei zhǎo yìnzhāng.

ヒカル

店員

☐ この印鑑はいかがですか?

这个 印章　怎么样?
Zhège　yìnzhāng zěnmeyàng?

☐ おいくらですか?

多少　钱?
Duōshao qián?

ヒカル

店員

☐ 800元です。素材によって違います。

800块　钱。按材质 价格 不一样。
Bābǎikuài　qián. Àn cáizhì jiàgé　bùyíyàng.

☐ 母へのお土産、なにがいいかな?

给 我 母亲 的 礼品，买 什么 东西 好 呢?
Gěi wǒ mǔqīn de lǐpǐn, mǎi shénme dōngxi hǎo ne?

☐ 中国ならではのものってありますか?

有 中国 特色 的 东西 吗?
Yǒu Zhōngguó tèsè de dōngxi ma?

☐ おすすめのお土産はありますか?

有 没有 推荐 的 东西?
Yǒu méiyǒu tuījiàn de dōngxi?

プラスα 推荐 tuījiàn＝おすすめ、推薦
最 受 欢迎 的 东西 是 什么? Zuì shòu huānyíng de dōngxi shì shénme?
（人気のお土産はどれですか?）受 欢迎 shòu huānyíng＝人気がある

☐ 刺しゅうの入った靴はどうですか?

刺绣 的 鞋子 怎么样?
Cìxiù de xiézi zěnmeyàng?

☐ チャイナドレスはオーダーメイドできます。

旗袍 可以 订做。
Qípáo kěyǐ dìngzuò.

☐ できあがるまでに何日くらいかかりますか?

需要 多长 时间 能 作完?
Xūyào duōcháng shíjiān néng zuòwán?

☐ 3日後にホテルにお届けします。

三天 后 送到 酒店。

Sāntiān hòu sòngdao jiǔdiàn.

☐ 喜んでくれるかな。

希望 她 喜欢 我 的 礼物。

Xīwàng tā xǐhuan wǒ de lǐwù.

😊 表現　直訳は「彼女が私の土産を喜んでくれることを望む。」

☐ 日本で売っていないものをお土産にしたいね。

想 把 在 日本 没有 的 东西 作为 礼品。

Xiǎng bǎ zài rìběn méiyǒu de dōngxī zuòwéi lǐpǐn.

🌀 文法　作为〜 zuòwéi〜＝〜とする

☐ 10個も買っちゃった！

我 买 了 十个 哟！

Wǒ mǎi le shíge yo!

☐ 友だちにパンダクッキー買ってきてって頼まれてるの。

朋友 让 我 买 熊猫 曲奇 回去。

Péngyou ràng wǒ mǎi xióngmāo qǔqí huíqu.

😊 表現　让 我 买〜 回去 ràng wǒ mǎi〜 huíqu＝私に〜を買って帰らせる

☐ ドライフルーツは北京の名産品だって。

据说，果脯 是 北京 的 名产。

Jùshuō, guǒfǔ shì Běijīng de míngchǎn.

😊 表現　据说〜 jùshuō〜＝〜らしい、〜だそうだ
果脯 guǒfǔは北京名産のドライフルーツの砂糖漬け。

☐ 賞味期限はいつまでですか？

保质期 是 到 什么 时候?

Bǎozhìqī shì dào shénme shíhou?

☐ 常温で1か月くらいもちます。

常温 的 情况 下，保质期 是 一个月。
Chángwēn de qíngkuàng xià, bǎozhìqī shì yígeyuè.

☐ 小分けの袋をください。

请 给 我 小袋子。
Qǐng gěi wǒ xiǎodàizi.

☐ 日本に送ることはできますか？

可以 寄到 日本 吗?
Kěyǐ jìdào Rìběn ma?

雑貨

☐ お土産探しに疲れちゃったから、ひと休みしよう。

买 礼物 真 累，我们 休息 一下 吧。
Mǎi lǐwù zhēn lèi, wǒmen xiūxi yíxià ba.

☺ 表現　累 lèi＝疲れる

雑貨　🗃 Disc 1 -60

☐ 骨董品がほしいんだけど。

我 想 买 古董。
Wǒ xiǎng mǎi gǔdǒng.

☐ 骨董品の海外への持ち出しはできません。

古董 不可以 带到 国外。
Gǔdǒng bùkěyǐ dàidào guówài.

📘 文法　不可以〜 bùkěyǐ〜＝〜してはいけない

133

○ 陶磁器なら景徳鎮が世界でも有名です。

景德镇 的 瓷器 在 世界上 很 有名。

Jǐngdézhèn de cíqì zài shìjiè shang hěn yǒumíng.

○ 偽物も多いから気をつけて！

假 的 东西 也 多，请 注意。

Jiǎ de dōngxi yě duō, qǐng zhùyì.

😊 表現 假 jiǎ＝うそ、偽物

○ 目利きの人を連れていったほうがいいよ。

最好 懂 质量 的 人 也 一起 去。

Zuìhǎo dǒng zhìliàng de rén yě yìqǐ qù.

○ 毛沢東のバッジがいっぱい！

有 很 多 毛 泽东 的 纪念章！

Yǒu hěn duō Máo Zédōng de jìniànzhāng!

⭐カルチャー 1980年代頃から、毛沢東の肖像は多くの家庭で豊穣・幸運祈願として飾られるようになった。バスやタクシーの中にも安全運転のお守りとして飾られたり、キーホルダーなどの土産として売られたりもしている。故郷の湖南省韶山を訪れる観光客も多い。

○ 記念に買っちゃう。

买 一个 做 纪念。

Mǎi yíge zuò jìniàn.

○ パンダグッズがほしいな。

我 要 熊猫 玩具。

Wǒ yào xióngmāo wánjù.

○ 僕の趣味じゃないなあ。

我 不太 感 兴趣。

Wǒ bútài gǎn xìngqu.

🔵 文法 不太〜 bútài〜＝あまり〜でない。感 兴趣 gǎn xìngqu＝興味がある

ショッピング②

デパート・スーパー

☐ 開店時間は何時ですか?

这个 商店 几点 开 门?
Zhège shāngdiàn jǐdiǎn kāi mén?

☐ エレベーターはどこかしら?

电梯 在 哪里?
Diàntī zài nǎlǐ?

😊 表現　电梯 diàntī＝エレベーター

☐ 上海でいちばん大きなデパートです。

这 是 上海 最 大 的 百货 商店。
Zhè shì Shànghǎi zuì dà de bǎihuò shāngdiàn.

☐ 婦人服売り場はどこですか?

女装 卖场 在 哪里?
Nǚzhuāng màichǎng zài nǎlǐ?

😊 表現　女装 nǚzhuāng＝婦人服

☐ 3階にあります。

在 三楼。
Zài sānlóu.

☐ フロアマップを見てみましょう。

看看 楼层 示意图。
Kànkan lóucéng shìyìtú.

135

☐ 日本と同じくらいの値段だね。

跟 日本 的 价格 一样。
Gēn Rìběn de jiàgé yíyàng.

🔵 **文法** 跟〜一样 gēn〜yíyàng＝〜と同じ

☐ 値引きができないね。

不能 打 折扣。
Bùnéng dǎ zhékòu.

😊 **表現** 打 折扣 dǎ zhékòu＝割引をする

☐ 書店は入っていますか？

这里 有 书店 吗?
Zhèli yǒu shūdiàn ma?

☐ エスカレーターはどこ？

电动 扶梯 在 哪里?
Diàndòng fútī zài nǎlǐ?

😊 **表現** 电动 扶梯 diàndòng fútī＝エスカレーター

☐ 日傘はどこに置いてありますか？

太阳伞 在 哪里 卖?
Tàiyángsǎn zài nǎlǐ mài?

☐ フードコートに行ってみない？

去 看看 美食街，怎么样?
Qù kànkan měishíjiē, zěnmeyàng?

☐ 食料品の試食はできるのかな？

食品 能 不能 试吃?
Shípǐn néng bunéng shìchī?

☐ 支払いの仕方が日本と違うみたい。

支付 方法 跟 日本 不一样。

Zhīfù fāngfǎ gēn Rìběn bùyíyàng.

★カルチャー 以前は店員から伝票を受け取って支払い所で払う方法が多く、お札は偽札感
知器で綿密に調べられていた。最近はカード決済が主流になっている。いずれ
にしても、現金に対する信用が日本とは少し違うようだ。

☐ クレジットカードは使えますか?

能 不能 用 信用卡?

Néng bunéng yòng xìnyòngkǎ?

😊 表現 信用卡 xìnyòngkǎ＝クレジットカード

☐ モバイル決済が普通です。

一般 都 用 手机 支付。

Yìbān dōu yòng shǒujī zhīfù.

😊 表現 手机 支付 shǒujī zhīfù＝モバイル決済

☐ レジが混んでいるよ。

收银台 那边 人 很 多。

Shōuyíntái nàbiān rén hěn duō.

😊 表現 收银台 shōuyíntái＝レジ

☐ セルフレジで精算しよう。

在 自助 收银台 结账 吧。

Zài zìzhù shōuyíntái jiézhàng ba.

コンビニ

コンビニ

Disc 1 -62

☐ 海外でコンビニを見るとほっとするな。

在 海外 找到 便利店，我 觉得 很 放心。

Zài hǎiwài zhǎodào biànlìdiàn, wǒ juéde hěn fàngxīn.

😊 表現 找到 zhǎodào＝探して見つかる。放心 fàngxīn＝安心する

☐ 日本のコンビニが多いね。

日本 的 便利店 很 多。

Rìběn de biànlìdiàn hěn duō.

😊 表現　便利店 biànlìdiàn＝コンビニ

☐ 中国でも24時間営業?

在 中国 也 24 小时 营业 吗?

Zài Zhōngguó yě èrshísì xiǎoshí yíngyè ma?

☐ 日本から持ってくるのを忘れたものを買おう。

去 买 忘了 从 日本 带来 的 东西 吧。

Qù mǎi wàngle cóng Rìběn dàilái de dōngxi ba.

☐ お水を買っておこう。

买 矿泉水 吧。

Mǎi kuàngquánshuǐ ba.

☐ お弁当も充実しているね。

便当 的 种类 也 很 多。

Biàndāng de zhǒnglèi yě hěn duō.

😊 表現　便当 biàndāng＝弁当。日本語の「弁当」と違って、便の字を使う。

☐ 中華のお弁当食べてみたいな。

想 吃 中国菜 的 便当。

Xiǎng chī Zhōngguócài de biàndāng.

☐ イートインコーナーでコーヒー飲もうよ。

在 店内 用餐 的 地方 喝 咖啡 吧。

Zài diànnèi yòngcān de dìfang hē kāfēi ba.

☐ 冷たい飲み物があってありがたい。

能 买到 冷饮，太 好 了。
Néng mǎidào lěngyǐn, tài hǎo le.

☐ おでんもあるよ！

也 有 关东煮！
Yě yǒu guāndōngzhǔ!

★カルチャー 关东煮 guāndōngzhǔ＝おでん。中国でもコンビニなどで売られている。汁の味は日本より薄め。具の種類も様々で、串に刺している練り物が多い。また、茹で卵ではなく卵焼きが入っている。

☐ ちまきや煮卵は中国ならではだね。

粽子 和 煮 鸡蛋 是 中国 特有 的。
Zòngzi hé zhǔ jīdàn shì Zhōngguó tèyǒu de.

☐ シャンプー、リンス、使い捨てカイロを買うよ。

我 买 洗发露，护发素 和 暖宝宝。
Wǒ mǎi xǐfàlù, hùfàsù hé nuǎnbǎobǎo.

💡プラスα 日用品の名前もいろいろ覚えておこう。牙膏 yágāo＝歯磨き粉。香皂 xiāngzào＝せっけん。卫生纸 wèishēngzhǐ＝トイレットペーパー。餐具 cānjù＝食器。筷子 kuàizi＝箸

☐ 発見！ポッキーにバナナ味が！

啊！发现 了 香蕉 口味 的 百奇！
Ā! Fāxiàn le xiāngjiāo kǒuwèi de Bǎiqí!

💡プラスα 百奇 Bǎiqí＝ポッキーの音訳。商品名にはこのようなものが多い。优衣库 Yōuyīkù＝ユニクロ。可口可乐 Kěkǒukělè＝コカ・コーラ。耐克 Nàikè＝ナイキ。麦当劳 Màidāngláo＝マクドナルド。肯德基 Kěndéjī＝ケンタッキー

☐ ATMはあるかな？

哪里 有 自动 取款机?
Nǎlǐ yǒu zìdòng qǔkuǎnjī?

☐ 頭痛薬があったら買いたいな。

有 没有 头疼 药? 我 想 买。
Yǒu méiyǒu tóuténg yào? Wǒ xiǎng mǎi.

😊表現 药 yào＝薬

THEME 17 ショッピング③

市場

 Disc 1 -63

☐ 安い買い物をするなら市場がいちばん。

如果 找 价格 便宜 的 东西，去 市场 最 好。

Rúguǒ zhǎo jiàgé piányi de dōngxi, qù shìchǎng zuì hǎo.

🔵 **文法** 如果〜 rúguǒ〜＝もしも〜なら

☐ 野菜市場はどこにありますか?

蔬菜 市场 在 哪里?

Shūcài shìchǎng zài nǎlǐ?

😊 **表現** 蔬菜 shūcài＝野菜

☐ あそこの野菜は新鮮だし、安いよ。

那边 的 蔬菜 又 新鲜 又 便宜。

Nàbiān de shūcài yòu xīnxiān yòu piányi.

🔵 **文法** 又〜又〜 yòu〜 yòu〜＝〜でもあり〜でもある

☐ スリに合わないように気をつけてね。

小心 扒手。

Xiǎoxīn páshǒu.

😊 **表現** 扒手 páshǒu＝スリ

☐ 市場ではどんなものを買えますか?

在 市场，买得到 什么 东西?

Zài shìchǎng, mǎidedào shénme dōngxi?

😊 **表現** 买得到 mǎidedào＝買って手に入れる

☐ くだもの、肉、穀類、乾物、ドライフルーツ、お菓子も買えますよ。

水果，肉，谷物，干货，干果，点心 都 买得到。

Shuǐguǒ, ròu, gǔwù, gānhuò, gānguǒ, diǎnxīn dōu mǎidedào.

💡 **プラスα** 食べ物の名前もいろいろ覚えておくと便利。饮料 yīnliào＝飲み物
水 shuǐ＝水。酒类 jiǔlèi＝酒類。冷冻食品 lěngdòngshípǐn＝冷凍食品
家常菜 jiāchángcài＝惣菜

☐ 買い食いもできる?

自己 可以 买 零食 吃 吗?
Zìjǐ　kěyǐ　mǎi　língshí chī ma?

☐ 中華まんも売ってるよ。

也 卖 肉包子。
Yě　mài ròubāozi.

☐ すごい、肉の塊が!

里面 的 肉块儿 很 大!
Lǐmiàn de　ròukuàir　hěn dà!

☐ 独特のにおいがするね。

有 独特 的 香味。
Yǒu dútè　　de　xiāngwèi.

☐ これください。

我 要 这个。
Wǒ　yào zhège.

☐ りんごは500gで10元。

苹果 十块 钱 一斤。
Píngguǒ shíkuài qián yìjīn.

☺ 表現　中国の重さは斤 jīn(500g)ごとに数えられることが多い。

☐ 1個いくらですか?

多少 钱 一个?
Duōshao qián yíge?

☐ 味見してみなよ。

尝尝　吧。
Chángchang ba.

☐ この中国靴、1足いくらですか?

这双　中式　鞋子 多少　钱?
Zhèshuāng Zhōngshì xiézi　duōshao qián?

😊 **表現**　靴などのペアになったものは双 shuāngで数える。

☐ 1足700元です。

700块 一双。
Qībǎikuài　yìshuāng.

☐ えー高い! もっと安くなりませんか?

太 贵 了! 再 便宜 一点 行 不行?
Tài guì le!　Zài piányi　yìdiǎn　xíng buxíng?

💡 **プラスα**　再 让步 一下 好 吗? Zài ràngbù yíxià hǎo ma? (もう少しまけてくれませんか?)
让步 ràngbù=讓歩する

☐ 300元で売ってもらえませんか?

降到　300块 怎么样?
Jiàngdào sānbǎikuài zěnmeyàng?

💡 **プラスα**　到 dàoで到達点を表す。
今天 早上 我 睡到 九点。Jīntiān zǎoshang wǒ shuìdao jiǔdian. (私は今朝、
9時まで寝た。)

☐ 100元安くしてくれませんか?

再 减 100块 怎么样?
Zài jiǎn yìbǎikuài　zěnmeyàng?

☐ まとめて買うから安くならない?

一起 买 几双 的话，会 便宜 吗?

Yìqǐ mǎi jǐshuāng de huà, huì piányi ma?

😊 表現 直訳は「いくつか一緒に買ったら安くなりますか?」

☐ そんなに安くできないよ。

不能 那么 便宜 的。

Bùnéng nàme piányi de.

☐ だめ、だめ。600元だよ。

不行，不行。就 600块 吧。

Bùxíng, bùxíng. Jiù liùbǎikuài ba.

😊 表現 不行 bùxíng=だめ

☐ これ以上はまけられないよ。

我 不能 再 降价 了。

Wǒ bùnéng zài jiàngjià le.

☐ あっちのお店のほうが安かったよ。

那个 商店 的 比 你们 更 便宜。

Nàge shāngdiàn de bǐ nǐmen gèng piányi.

📖 文法 A 比 B〜 A bǐ B〜=AはBより〜だ
今天 比 昨天 热。Jīntiān bǐ zuótiān rè. (今日は昨日よりも暑い。)

☐ また今度にします。

那，今天 不买。下一次 吧。

Nà, jīntiān bùmǎi. Xiàyícì ba.

☐ 待って、400元でいいよ。

等 一下！那，400块 就 可以。

Děng yíxià! Nà, sìbǎikuài jiù kěyǐ.

😊 表現 等 一下 děng yíxià=ちょっと待って

飲食店選び

 Disc 2 -01

☐ ここは何料理のお店?

这里 的 菜 是 什么 风味 的?

Zhèli de cài shì shénme fēngwèi de?

☐ ここは隠れた名店だよ。

这里 是 隐世 名店。

Zhèli shì yǐnshì míngdiàn.

😊 **表現** 隐世 名店 yǐnshì míngdiàn＝隠れた名店

☐ 地元の人気店です。

这 是 当地 最受 欢迎 的 餐厅。

Zhè shì dāngdì zuì shòu huānyíng de cāntīng.

☐ 四川料理のお店です。

是 四川 菜 的 餐厅。

Shì Sìchuān cài de cāntīng.

☐ 予約をお願いします。

我 想 订 位子。

Wǒ xiǎng dìng wèizi.

😊 **表現** 位子 wèizi＝座席

☐ 19時から3名です。

晚上 七点，三个 人。

Wǎnshang qīdiǎn, sānge rén.

☐ わあ、行列ができている！

哇，排队 的 人 那么 多！

Wā, páiduì de rén nàme duō!

☐ 個室はありますか？

有 包间 吗?

Yǒu bāojiān ma?

😊 表現 包间 bāojiān＝個室

☐ 夜景の見える席にしてください。

我 要 能 看 夜景 的 位子。

Wǒ yào néng kàn yèjǐng de wèizi.

☐ 禁煙席をお願いします。

希望 坐 禁烟区。

Xīwàng zuò jìnyānqū.

注文・会計 　Disc 2 -02

☐ すみません！（お店の人を呼ぶ）

服务员！

Fúwùyuán!

😊 表現 レストランやホテルで接客をしている従業員をこのように呼ぶ。

☐ なにになさいますか？

你 要 什么?

Nǐ yào shénme?

◯ メニューはありますか？

有 没有 菜单?

Yǒu méiyǒu càidān?

😊 表現　菜单 càidān＝（料理の）メニュー

◯ 日本語のメニューはありますか？

有 日语 的 菜单 吗?

Yǒu Rìyǔ　de　càidān ma?

◯ おすすめはなんですか？

你们 这里 的 特色 菜 是 什么?

Nǐmen zhèli　de　tèsè　cài shì shénme?

◯ 麻婆豆腐が当店のおすすめです。

麻婆豆腐 是 我们 的 特色 菜。

Mápódòufu　shì wǒmen de　tèsè　cài.

◯ これはどんな料理ですか？

这 是 什么 菜?

Zhè shì　shénme cài?

◯ お酒のメニューをください。

请 给 我 酒单。

Qǐng gěi wǒ　jiǔdān.

😊 表現　酒单 jiǔdān＝（酒の）メニュー

◯ 取り皿をください。

请 给 我 碟子。

Qǐng gěi　wǒ　diézi.

💡 プラスα　小さい皿は 碟子 diézi、大きな皿は 盘子 pánzi。
请 给 我 调羹 和 筷子。Qǐng gěi wǒ tiáogēng hé kuàizi.（レンゲとお箸をください。）

146

☐ 頼んだ料理がまだ来ないですよ。

我点的菜还没来。

Wǒ diǎn de cài hái méilái.

💡 プラスα 点菜 diǎncài ＝料理を注文する

☐ お会計をお願いします！

买单！

Mǎidān!

食感・味

☐ 辛い！

很辣！

Hěn là!

☐ 甘酸っぱいね。

酸甜 的。

Suāntián de.

☐ サクサクしている。

吃起来 很 脆。

Chīqilái hěn cuì.

😊 表現 脆 cuì＝歯触りがよくサクサクしている

☐ いくらでも食べられそう。

不管 多少 我 都 吃得下。

Bùguǎn duōshao wǒ dōu chīdexià.

😊 表現 不管～ bùguǎn～＝～に関係なく

☐ 香ばしいな。

很 香。

Hěn xiāng.

☐ 肉汁がたっぷり。

有 很 多 肉汁。

Yǒu hěn duō ròuzhī.

☐ アツアツ！

热腾腾 的。

Rèténgténg de.

> 😊 表現　热腾腾 rèténgténg＝熱くてほかほかしている

☐ 口のなかをやけどしちゃったよ。

我 烫伤　了 舌头。

Wǒ tàngshāng le　shétou.

> 😊 表現　烫伤 tàngshāng＝やけどをする

☐ ちょっと油っぽいな。

有 点儿 油腻。

Yǒu diǎnr　yóunì.

> 😊 表現　油腻 yóunì＝油っこい

☐ けっこうあっさりしているね。

比较 清淡 的 味道。

Bǐjiào　qīngdàn de　wèidào.

> 😊 表現　清淡 qīngdàn＝あっさりしている

☐ とてもおいしい。

非常　好吃。

Fēicháng hǎochī.

市場・屋台

 Disc 2 -04

☐ この屋台はなにを売っているの?

这个 摊子 卖 什么?
Zhège tānzi mài shénme?

 表現 摊子 tānzi＝屋台

☐ 焼き小籠包1人前ください。

要 一份 生煎包。
Yào yífèn shēngjiānbāo.

☐ 超熱い!

太 烫 了!
Tài tàng le!

😊 表現 烫 tàngは痛いくらいに熱い様子。

☐ やけどしないように気をつけて!

小心 别 烫伤 了!
Xiǎoxīn bié tàngshāng le!

☐ 猫舌なの。

我 怕 热食。
Wǒ pà rèshí.

😊 表現 中国語に「猫舌」のような表現はなく、「熱い食べ物が怖い」の意味。

☐ 近くに座れるところはあるかな?

有 没有 坐 的 地方?
Yǒu méiyǒu zuò de dìfang?

😊 表現 直訳は「座るところはありますか?」

◻ 衛生面は大丈夫?

卫生　方面　没 问题 吗?
Wèishēng fāngmiàn méi wèntí　ma?

◻ きゃー、サソリの串焼きがあるよ!

啊! 有 蝎子 串儿!
Ā!　　Yǒu xiēzi　　chuànr!

◻ 食べなきゃ食通じゃないよ。

不吃 不能 算 美食家。
Bùchī　bùnéng suàn měishíjiā.

◻ ゲテモノはちょっと無理。

我 不能 吃 奇特 食物。
Wǒ　bùnéng chī qítè　　shíwù.

☺ 表現　奇特 食物 qítè shíwù＝特異な食べ物

◻ B級グルメの宝庫だね。

真　是 B级 美食 的 宝库。
Zhēn shì Bjí　měishí de　bǎokù.

◻ なにか甘いものが食べたくなっちゃった。

我 想　吃点儿 甜 的 东西。
Wǒ xiǎng chī diǎnr　tián de　dōngxi.

◻ 月餅食べない?

吃 不吃 月饼?
Chī buchī　yuèbǐng?

☐ 屋台のはしごをしようよ。

一起 逛逛 摊子 吧。
Yìqǐ guàngguang tānzi ba.

☐ 北京ダックの皮がパリッと香ばしい！

北京 烤鸭 的 皮 很脆，很香！
Běijīng kǎoyā de pí hěncuì, hěnxiāng!

☐ 羊肉のしゃぶしゃぶが名物だって。

听说 涮羊肉 是 当地 的 名菜。
Tīngshuō shuànyángròu shì dāngdì de míngcài.

😊 表現 涮羊肉 shuànyángròu＝羊のしゃぶしゃぶ。中国北部の冬の名物料理。

☐ 四川料理は山椒の刺激がたまらない。

四川菜 的 花椒 很 刺激，吃得 停 不 下来。
Sìchuāncài de huājiāo hěn cìjī, chī de tíng bu xiàlái.

😊 表現 吃得 停 不 下来 chī de tíng bu xiàláiは「食べたら止まらない」の意味。

☐ 激辛の麻婆豆腐が食べたい。

我 想 吃 特辣 的 麻婆豆腐。
Wǒ xiǎng chī tè là de mápódòufu.

☐ 上海といえば蟹だよね。

提起 上海 就 想到 大闸蟹。
Tíqǐ Shànghǎi jiù xiǎngdào dàzháxiè.

🔵 文法 提起 A 就 B Tíqǐ A jiù B＝AといえばBである
提起 春天 就 想到 樱花。Tíqǐ chūntiān jiù xiǎngqǐ yīnghuā. (春といえば桜を思いつく。)

○ 上海蟹は秋じゃないと食べられないよ。

只有 秋天 吃得到 上海 的 大闸蟹。
Zhǐyǒu qiūtiān chīdedào Shànghǎi de dàzháxiè.

○ 蒸して食べるとおいしいよ。

蒸 的 很 好 吃。
Zhēng de hěn hǎo chī.

○ 本場のラーメンってどんなかな?

地道 的 拉面 是 什么 味道?
Dìdao de lāmiàn shì shénme wèidào?

☺ 表現 地道 dìdao＝本場ものである

○ 刀削麺は作り方がおもしろいよ。
とうしょうめん

刀削面 的 作法 很 有 意思。
Dāoxiāomiàn de zuòfǎ hěn yǒu yìsi.

○ 広東料理は日本人にもお馴染みだね。

广东菜 在 日本 也 很 普遍 的。
Guǎngdōngcài zài Rìběn yě hěn pǔbiàn de.

○ 広東料理、上海料理、四川料理、北京料理があります。

有 广东菜、 上海菜、 四川菜 和 北京菜。
Yǒu Guǎngdōngcài、Shànghǎicài、Sìchuāncài hé Běijīngcài.

○ 満漢全席は宮廷料理です。

满汉 全席 是 中国 的 宫廷 菜。
MǎnHàn quánxí shì Zhōngguó de gōngtíng cài.

グルメ③

飲茶

Disc
2 -06

☐ 飲茶しに行こうよ。

一起 去 饮茶 吧。

Yìqǐ qù yǐnchá ba.

♪ 発音 日本で「ヤムチャ」と呼んでいるのは、広東語の発音。

☐ おいしい点心が食べたいね。

想 吃 好吃 的 点心。

Xiǎng chī hǎochī de diǎnxīn.

飲茶

☐ 飲茶なら、15時くらいまでにお店に入らないと。

如果 要 饮茶 的 话，下午 三点 以前 要 进 店里。

Rúguǒ yào yǐnchá de huà, xiàwǔ sāndiǎn yǐqián yào jìn diànli.

☐ お茶はなにににする?

你 喝 什么 茶?

Nǐ hē shénme chá?

☐ ウーロン茶、プーアール茶、ジャスミン茶から選んでください。

有 乌龙茶、普洱茶 和 茉莉花茶。请 你 选 一种。

Yǒu wūlóngchá, pǔ'ěrchá hé mòlihuāchá. Qǐng nǐ xuǎn yìzhǒng.

☐ プーアール茶が点心と合うよ。

普洱茶 很 配 点心。

Pǔ'ěrchá hěn pèi diǎnxīn.

☺ 表現 配 pèi＝つり合う、相応しい

☐ ジャスミン茶の香りはちょっとクセがあるね。

茉莉花茶 有 独特 的 香味。
Mòlihuāchá yǒu dútè de xiāngwèi.

☐ 点心にはどんなものがあるのかな?

都 有 什么 点心?
Dōu yǒu shénme diǎnxīn?

☐ オーダー票の食べたいメニューにチェックを入れてね。

请 把 菜单 上 想 吃的 菜 打 勾。
Qǐng bǎ càidān shàng xiǎng chī de cài dǎ gōu.

😊 **表現** 打勾 dǎ gōu=チェックをつける

☐ 雰囲気のいいお店だね。

这个 餐厅 气氛 很 好。
Zhège cāntīng qìfēn hěn hǎo.

☐ 庶民的でリーズナブルだね。

这个 餐厅 具有 大众性 的 气氛，价格 也 合理。
Zhège cāntīng jùyǒu dàzhòngxìng de qìfēn, jiàgé yě hélǐ.

😊 **表現** 合理 hélǐ=リーズナブル、理にかなっている

☐ どれから食べようかな?

先 吃 哪个?
Xiān chī nǎge?

☐ 皮のなかにはなにが入っているのかな?

外皮 里面 有 什么 东西?
Wàipí lǐmiàn yǒu shénme dōngxi?

☐ 春巻きをとって。

给 我 拿 春卷。
Gěi wǒ ná chūnjuǎn.

☐ 小皿料理もあるね。

还 有 小菜。
Hái yǒu xiǎocài.

☐ エビチリ食べたい！

想 吃 干烧 虾仁！
Xiǎng chī gānshāo xiārén!

飲
茶

☐ 小皿だといっぱい食べられちゃう。

小菜 的 话，能 吃 很 多。
Xiǎocài de huà, néng chī hěn duō.

☐ マンゴープリンと杏仁豆腐、どっちにする？

芒果 布丁 和 杏仁 豆腐，你 来 哪 一个？
Mángguǒ bùdīng hé xìngrén dòufǔ, nǐ lái nǎ yíge?

😊 表現 来 láiはいろいろな動詞の代用として使われる。ここでは「する、選ぶ」。

☐ どっちも食べるよ！

我 都 要！
Wǒ dōu yào!

☐ お茶のおかわりがほしいね。

还 想 喝 一杯 茶。
Hái xiǎng hē yìbēi chá.

💡 プラスα 给 我 开水！ Gěi wǒ kāishuǐ!（お湯ください！）

155

○ 急須のふたをずらしておくと、足してくれるよ。

打开 茶壶 盖儿，他们 就 会 来 加 水。
Dǎkāi　cháhú　gàir,　　tāmen　jiù　huì　lái　jiā　shuǐ.

○ 老舗の点心はやっぱりおいしいな。

老铺子 的 点心 还是 很 好吃。
Lǎopùzi　　de　diǎnxīn　háishì　hěn　hǎochī.

😊 表現　还是 háishì＝やはり

○ 大勢で行ったほうが、いろいろ食べられるね。

大家 一起 去 的话，能 吃 很 多种　菜。
Dàjiā　yìqǐ　qù　de　huà,　néng　chī　hěn　duōzhǒng　cài.

○ 最近人気の店ですよ。

最近 很 受 欢迎　的 饮茶 店。
Zuìjìn　hěn　shòu　huānyíng　de　yǐnchá　diàn.

○ もう一度来たいな！

我 还 想 再 来 一次！
Wǒ　hái　xiǎng　zài　lái　yícì!

○ 若者で賑わっていたね。

年轻人　很 多，非常　热闹 的。
Niánqīngrén　hěn　duō,　fēicháng　rènao　de.

😊 表現　热闹 rènao＝賑やかな

○ 家族連れが多かったね。

带 家人 的 客人 很 多 的。
Dài　jiārén　de　kèrén　hěn　duō　de.

食事・飲茶のマナー

　中国の人にとって、食べることは人生の大きな喜びのひとつです。食事を通して交流がはじまり、「あの人と一緒に食事をした」という事実が人との強いつながりを示す証になります。

食事でのマナー

　中華料理店などで円卓を囲んだ経験がある人もいるでしょう。ここでは、慣れると忘れがちなマナーについて、いくつか挙げてみましょう。

- ●円卓では奥が上座、入口に最も近い席が下座。
- ●回転テーブルには、大皿や調味料など、共有するものだけを置く。
- ●大皿から料理を取るときは、取り皿をテーブルに置いたままにして座った状態で取る。
- ●取り皿には食べ物を残さない。反対に、大皿の料理は多少残しておくようにする。
- ●酒が苦手な場合は随意。suíyì.（好きなだけ。）、まったく飲めない場合は我 不会 喝酒。Wǒ búhuì hējiǔ.（私は酒が飲めません。）と遠慮なく言うようにする。

飲茶のマナー（ヤムチャ）

　飲茶とは、お茶を飲みながら餃子などの点心（軽食）をつまむ、中国南部の習慣です。

- ●飲茶の目的はおしゃべりを楽しむこと。お茶や食べ物はその次と考えていい。
- ●まずはお茶を注文する。烏龍茶・プーアル茶などの数種類の茶葉が示されるので好きなものを選ぼう。
- ●次に点心を注文。オーダーには2つのスタイルがある。ひとつはできあがった点心を積んで客席間を回るワゴンから取るワゴン式のもの、もうひとつは点心の名前を用紙に書き込むオーダーシート式のもの。
- ●お茶は男性がそそいであげるのが一般的とされている。
  「お茶をそそぐ」ことは中国人にとって大切な行為で、相手への尊敬の気もちを表している。
- ●そそいでもらったら、人さし指と中指の2本を揃えてコツコツとテーブルを叩く。これは謝謝! Xièxie! を口に出さずに、会話を続けながら感謝の意を表すためのしぐさ。
- ●会計は各テーブルで行うのが一般的。店員に买单! mǎidān!（お会計をお願いします！）と告げるか、手のひらに円を描くポーズをすればOK。

☐ 本場の中国茶を飲んでみたい。

我 想 喝 正宗 的 中国茶。
Wǒ xiǎng hē zhèngzōng de Zhōngguóchá.

😊 表現 正宗 zhèngzōng＝本場の、正真正銘の

☐ 日本の烏龍茶と違うのかな?

和 日本 的 乌龙茶 不一样 吗?
Hé Rìběn de wūlóngchá bùyíyàng ma?

☐ 中国茶を飲みたいなら、茶館に行ってみたら?

想 喝 中国茶，最好 去 茶馆。
Xiǎng hē Zhōngguóchá, zuìhǎo qù cháguǎn.

☐ 喫茶店みたいなところだよ。

像 咖啡 店 那样 的 店。
Xiàng kāfēi diàn nàyàng de diàn.

💧 文法 像～ xiàng～=～に似ている

☐ レトロな外観!

复古 氛围 的 外观!
Fùgǔ fēnwéi de wàiguān!

☐ 明時代にできた建物です。

是 明代 的 建筑。
Shì Míngdài de jiànzhù.

□ 大昔にタイムスリップしたみたい。

像 穿越 到 远古 时代 似的。

Xiàng chuānyuè dào yuǎngǔ shídài shìde.

> 文法　像～似的 xiàng～shìde＝～に似ている

□ 個室でお願いします。

我 要 包间。

Wǒ yào bāojiān.

□ 中国茶ってどんな種類があるの?

中国茶 有 什么 品种?

Zhōngguóchá yǒu shénme pǐnzhǒng?

□ 福建省安渓の鉄観音茶は最高級品です。

福建省 安溪县 的 铁观音茶 是 最 高级 的。

Fújiànshěng Ānxīxiàn de tiěguānyīnchá shì zuì gāojí de.

□ クセのないお茶はどれですか?

哪 一种 茶 的 口味 比较 清淡?

Nǎ yìzhǒng chá de kǒuwèi bǐjiào qīngdàn?

□ 日本で飲めないお茶が飲みたいな。

想 喝 在 日本 喝不到 的 茶。

Xiǎng hē zài Rìběn hēbudào de chá.

□ 目の前でお茶をついでくれるんだね。

他们 在 我们 面前 倒茶。

Tāmen zài wǒmen miànqián dào chá.

> 表現　倒 茶 dào chá＝お茶をつぐ

☐ 中国茶のお作法ってあるのかな？

有 喝 中国茶 时 的 礼仪 吗?

Yǒu hē Zhōngguóchá shí de lǐyí ma?

☐ コクがあるね。

味道 醇厚。

Wèidào chúnhòu.

💡 プラスα 味道 苦涩。Wèidào kǔsè.（渋みがある。）

☐ 甘みがしっかりしているよ。

有 十分 的 甜味。

Yǒu shífēn de tiánwèi.

☐ お湯をそそぐと茶葉が開くよ。

倒 茶 后，茶叶 绽开。

Dào chá hòu, cháyè zhànkāi.

☐ お茶うけもなにか注文しない？

订 点儿 什么 茶点 吧。

Dìng diǎnr shénme chádiǎn ba.

☺ 表現 茶点 chádiǎn＝お茶菓子、お茶うけ

☐ ちまきもあるね！

有 粽子！

Yǒu zòngzi!

☺ 表現 粽子 zòngzi＝ちまき

☐ この茶器はアンティークなんだって。

据说 这里 使用 古董 茶器。

Jùshuō zhèli shǐyòng gǔdǒng cháqì.

- [ ] ガラス製の茶器もあるんだね。

也 有 玻璃 制造 的 茶器。
Yě yǒu bōli zhìzào de cháqì.

> 💡 プラスα 也 有 著名 的 美术家 制造 的。Yě yǒu zhùmíng de měishùjiā zhìzào de.
> （作家ものの茶器もあります。）

- [ ] 急須を買いたい！

我 想 买 茶壶！
Wǒ xiǎng mǎi cháhú!

- [ ] 茶葉も売っているのかな？

也 卖 茶叶 吗？
Yě mài cháyè ma?

> 💡 プラスα 茶叶 cháyè＝茶葉。葉は簡体字で叶 yèとなる。

- [ ] プーアール茶の茶葉をお土産に買っていこう。

我 买 普洱茶 当 礼品 吧。
Wǒ mǎi pǔ'ěrchá dāng lǐpǐn ba.

- [ ] 京劇も見られるんだね！

同时 能 看 京剧！
Tóngshí néng kàn Jīngjù!

お酒

- [ ] 中国のお酒には、白酒、黄酒、薬酒などがあるよ。

中国 酒 有 白酒、黄酒 和 药酒 等等。
Zhōngguó jiǔ yǒu báijiǔ, huángjiǔ hé yàojiǔ děngděng.

◯ 青島ビール1本ください。

来 一瓶 青岛 啤酒 吧。
Lái yìpíng Qīngdǎo píjiǔ ba.

◯ 冷えていない……。

不冰镇……。
Bù bīngzhèn…….

◯ 冷たいビールありますか。

我 要 冰镇 的 啤酒。
Wǒ yào bīngzhèn de píjiǔ.

⭐ **カルチャー** 中国の飲み物は冷えていないものがほとんど。

◯ 白酒はおそろしく度数が高いよ！

白酒 的 酒精度 特别 高！
Báijiǔ de jiǔjīngdù tèbié gāo!

◯ 50度もある！

竟 有 50度！
Jìng yǒu wǔshídù!

😊 **表現** 竟 jìng＝なんと、こともあろうに

◯ 紹興酒はありますか？

有 绍兴酒 吗？
Yǒu shàoxīngjiǔ ma?

◯ 北京では白酒が主流だよ。

在 北京，以 喝 白酒 为 主。
Zài Běijīng, yǐ hē báijiǔ wéi zhǔ.

💬 **文法** 〜为 主 〜wéi zhǔ＝〜が主である

☐ 若者にはワインやウォッカも人気です。

葡萄酒 和 伏特加 也 受 年轻人 的 欢迎。

Pútáojiǔ　hé　fútèjiā　yě　shòu niánqīngrén de　huānyíng.

😊 表現　葡萄酒 pútáojiǔ＝ワイン。伏特加 fútèjiā＝ウォッカ

☐ 乾杯！

干杯！

Gānbēi!

☐ 乾杯は一気に飲んで。

"干杯" 时，应该 一口气 喝 下去。

"Gānbēi"　shí,　yīnggāi yìkǒuqì　hē　xiàqù.

😊 表現　一口气 yìkǒuqì＝一気に、一口に

☐ 中国では手酌はしません。

中国　没有 自斟自酌 的 习惯。

Zhōngguó méiyǒu zìzhēnzìzhuó　de　xíguàn.

😊 表現　自斟自酌 zìzhēnzìzhuó＝手酌で飲む

☐ 下戸なんです。

我 不能 喝 酒。

Wǒ　bù néng hē　jiǔ.

☐ ひとりでちびちび飲むのはマナー違反。

一个人 慢慢 地 喝 是 违反 礼仪。

Yígerén　　mànmàn de　hē　shì　wéifǎn lǐyí.

📘 文法　〜地　〜de＝〜のように。形容詞が重なると程度が重くなる。
天气 渐渐 地 冷 了。Tiānqì jiànjiàn de lěng le.（天候がだんだんと寒くなった。）

☐ 潰れないように気をつけて！

别 醉倒 了，小心！

Bié zuìdǎo le,　　xiǎoxīn!

😊 表現　醉倒 zuìdǎo＝酔って倒れる。小心 xiǎoxīn＝気をつける

☐ 中国人女性は、メイクよりもスキンケア重視。

中国　女性 比起 化妆　更 重视　皮肤 保养。
Zhōngguó nǚxìng bǐqǐ　huàzhuāng gèng zhòngshì pífū　bǎoyǎng.

😊 表現　化妆 huàzhuāng＝化粧。皮肤 保养 pífū bǎoyǎng＝スキンケア

☐ 植物由来の成分がたっぷり。

富有 充分　植物 由来 的 成分。
Fùyǒu　chōngfèn zhíwù　yóulái　de　chéngfèn.

☐ 漢方の成分が入っているパックはありますか?

有 没有 包含 中药　成分　的 面膜?
Yǒu méiyǒu　bāohán zhōngyào chéngfèn de　miànmó?

😊 表現　中药 zhōngyào＝漢方薬

☐ 男性用のコスメもあるの?

也 有 男性 的 化妆品　吗?
Yě　yǒu nánxìng de　huàzhuāngpǐn ma?

☐ すっぴんの人が多いね。

没 化妆　的 人 多。
Méi huàzhuāng de　rén duō.

⭐カルチャー　日本人に比べ、あまり化粧をしないといわれてきた中国人女性だが、最近はかなり変化してきている。訪日観光客でも高級コスメを買いまくる人が多い。特にリップは濃くはっきりとした色が人気のようだ。

☐ 口紅だけつけています。

我 只 涂 口红。
Wǒ zhǐ tú　kǒuhóng.

☐ 色がいっぱいあるね。

有 很 多 颜色。
Yǒu hěn duō yánsè.

☐ その明るいピンクの口紅がいいな。

要 那种 明亮 的 粉红色 的 口红。
Yào nàzhǒng míngliàng de fěnhóngsè de kǒuhóng.

💡 **プラスα** 粉红色 fěnhóngsè＝ピンク。红色 hóngsè＝赤。橘黄色 júhuángsè＝オレンジ。
灰色 huīsè＝ブラウン。米色 mǐsè＝ベージュ

☐ 試しぬりはできますか?

试用 一下 可以 吗?
Shìyòng yíxià kěyǐ ma?

☐ 試供品をください。

给 我 试销 品。
Gěi wǒ shìxiāo pǐn.

😊 **表現** 试销 品 shìxiāo pǐn＝試供品

☐ 日本のメーカーも人気があります。

日本 厂家 的 化妆品 也 很 受 欢迎。
Rìběn chǎngjiā de huàzhuāngpǐn yě hěn shòu huānyíng.

😊 **表現** 厂家 chǎngjiā＝メーカー

エステ
Disc 2 -10

☐ 中国ならではの美容法はありますか?

有 中国 特有 的 美容法 吗?
Yǒu Zhōngguó tèyǒu de měiróngfǎ ma?

☐ "かっさ" があります。

有 "刮痧"。

Yǒu "guāshā".

★ カルチャー　もともとは2500年前から行われている中国の民間療法。専用の板を使って刺激することで、経絡の流れをよくする。

☐ 血行がよくなって肌の調子がよくなりますよ。

血液 循环 会 改善，皮肤 的 感觉 也 会 好转。

Xuèyè xúnhuán huì gǎishàn, pífū de gǎnjué yě huì hǎozhuǎn.

☺ 表現　血液 循环 xuèyè xúnhuán＝血液の循環。皮肤 的 感觉 pífū de gǎnjué＝肌の感覚。会～ huì～＝必ず～なる

☐ 高級ホテルで本格的なスパができるよ。

在 高级 的 酒店，能 体验 真正 的 矿泉 疗法。

Zài gāojí de jiǔdiàn, néng tǐyàn zhēnzhèng de kuàngquán liáofǎ.

💡 プラスα　街上 的 美容院 很 方便，价格 也 合理。Jiēshàng de měiróngyuàn hěn fāngbiàn, jiàgé yě hélǐ. (街中のエステなら便利で値段も手頃。)

☐ オーガニックの化粧品を使っているのがいいね。

这里 使用 有机 化妆品， 很好。

Zhèli shǐyòng yǒujī huàzhuāngpǐn, hěnhǎo.

☺ 表現　有机 化妆品 yǒujī huàzhuāngpǐn＝オーガニック化粧品

☐ 料金表を見せてもらえますか?

请 给 我 看 一下 价格表。

Qǐng gěi wǒ kàn yíxià jiàgébiǎo.

☐ 初めての人はスペシャル価格で受けられます。

首次 来 的 客人 可以 适用 特惠价。

Shǒucì lái de kèrén kěyǐ shìyòng tèhuìjià.

☺ 表現　适用 特惠价 shìyòng tèhuìjià＝特別価格を適用する

☐ フェイシャルコースをお願いします。

我 就 要 面部 按摩。

Wǒ jiù yào miànbù ànmó.

☺ 表現　面部 miànbù＝顔の部分

☐ フェイシャルとボディのセットコースにします。

我 要 面部 和 全身 按摩 一套 的 项目。
Wǒ yào miànbù hé quánshēn ànmó yítào de xiàngmù.

💡 プラスα　一套 yítào＝セット
　　　　　　我 要 全身 按摩。Wǒ yào quánshēn ànmó.（全身コースをお願いします。）

☐ シワが消えますか?

能够 消除 脸上 的 皱纹 吗?
Nénggòu xiāochú liǎnshàng de zhòuwén ma?

😊 表現　皱纹 zhòuwén＝シワ

☐ あごのたるみが気になっています。

我 很 在意 下颚 皮肤 松弛。
Wǒ hěn zàiyì xià'è pífū sōngchí.

😊 表現　松弛 sōngchí＝ゆるみ、たるみ

☐ コンタクトレンズはとったほうがいいですか?

要 摘下 隐形 眼镜 吗?
Yào zhāixià yǐnxíng yǎnjìng ma?

😊 表現　摘下 zhāixià＝（メガネを）とる、はずす。隐形 眼镜 yǐnxíng yǎnjìng＝コンタクトレンズ

☐ 今、生理中ですけれど、受けられますか?

我 现在 例假 期间, 有 没有 影响?
Wǒ xiànzài lìjià qījiān, yǒu méiyǒu yǐngxiǎng?

😊 表現　例假 lìjià＝「生理中」を婉曲にいう表現

☐ 彼と一緒の部屋で受けられますか?

和 他 同一个 房间, 可以 吗?
Hé tā tóngyíge fángjiān, kěyǐ ma?

☐ アレルギーで肌が弱いのですが。

我 有 过敏 反应, 皮肤 脆弱。
Wǒ yǒu guòmǐn fǎnyìng, pífū cuìruò.

😊 表現　过敏 反应 guòmǐn fǎnyìng＝アレルギー

エステ

☐ 体の内側からきれいになりそう。

觉得 身体 内部 越来越 干净。
Juéde shēntǐ nèibù yuèláiyuè gānjìng.

🙂 表現 越来越 yuèláiyuè＝だんだん、次第に。干净 gānjìng＝清潔な

☐ ああ、癒される。

很 舒服。
Hěn shūfu.

☐ そこくすぐったいです。

那里 很 痒。
Nàli hěn yǎng.

🙂 表現 痒 yǎng＝くすぐったい。「かゆい」の意味もある。

☐ 冷房を弱めてもらえませんか?

把 空调 的 温度 调 高 一点，好 不好?
Bǎ kōngtiáo de wēndù tiáo gāo yìdiǎn, hǎo buhǎo?

☐ トイレに行きたいのですが。

我 想 去 洗手间。
Wǒ xiǎng qù xǐshǒujiān.

☐ 小ジワが消えたよ!

没有 小 皱纹 了!
Méiyǒu xiǎo zhòuwén le!

☐ 色が白くなったみたい!

看起来 皮肤 很 白 了!
Kànqiái pífū hěn bái le!

🙂 表現 看起来 kànqiái＝見たところ

☐ マッサージで旅の疲れを吹き飛ばそう！

去 按摩，消除 旅途 的 疲劳 吧！

Qù ànmó, xiāochú lǚtú de píláo ba!

😊 表現 消除 xiāochú＝取りのぞく

☐ 首と肩を重点的にお願いします。

脖子 和 肩膀 不舒服，请 按 重 一点。

Bózi hé jiānbǎng bùshūfu, qǐng àn zhòng yìdiǎn.

😊 表現 脖子 bózi＝首。肩膀 jiānbǎng＝肩

マッサージ

☐ 足ツボマッサージをお願いします。

我 想 做 足疗。

Wǒ xiǎng zuò zúliáo.

😊 表現 足疗 zúliáo＝足ツボマッサージ

☐ 腰を痛めています。

我 有 腰痛。

Wǒ yǒu yāotòng.

☐ 力加減は大丈夫ですか？

力度 怎么样?

Lìdù zěnmeyàng?

☐ ちょっと痛いです。

有点 疼。

Yǒudiǎn téng.

💡 プラスα 疼 téng＝痛い。噢, 好, 舒服。Ō, hǎo, shūfu.（ちょうどいいです。）

そこはなんのツボですか?

这 是 什么 穴位?

Zhè shì shénme xuéwèi?

胃腸が疲れているみたいですね。

看起来 你 的 肠胃　不舒服。

Kànqilái nǐ de chángwèi bùshūfu.

> 😊 表現　胃腸は日本語とは逆で 肠胃 chángwèiになる。

肩が軽くなったみたい。

觉得 肩膀　轻松 一点 了。

Juéde jiānbǎng qīngsōng yìdiǎn le.

> 😊 表現　轻松 qīngsōng＝軽く楽になる

脚のむくみがなくなりました。

腿 浮肿 都 消 了。

Tuǐ fúzhǒng dōu xiāo le.

> 😊 表現　浮肿 fúzhǒng＝むくみ

体がホカホカしてきたよ。

全身　暖和 起来 了。

Quánshēn nuǎnhuo qilái le.

> 😊 表現　動詞＋起来 qǐláiで始まっていくことを表す。
> 大家 都 笑 起来 了。Dàjiā dōu xiào qilái le.（みんな、笑い出した。）

すっきりしたな。

太 爽　了。

Tài shuǎng le.

延長できますか?

可以 延长　吗?

Kěyǐ yáncháng ma?

☐ **副作用はないですか?**

没有 副作用 吗?
Méiyǒu fùzuòyòng ma?

☐ **顔色、舌、脈をチェックします。**

检查 一下 脸色、舌头 和 脉搏。
Jiǎnchá yíxià　liǎnsè,　shétou hé màibó.

😊 表現　脉搏 màibó＝脈拍

☐ **じょじょに体質を改善していきます。**

逐步 改善 体质。
Zhúbù gǎishàn tǐzhì.

漢方・鍼灸

☐ **本当にきくのかな?**

真 的 有 效果 吗?
Zhēn de yǒu xiàoguǒ ma?

☐ **飲み続けるのがいいですよ。**

继续 吃 药 一定 有 效果。
Jìxù　chī yào yídìng yǒu xiàoguǒ.

😊 表現　中国語では、薬を飲むとき 吃 chī (食べる)を使う。

☐ **飲み合わせに気をつけて。**

注意 两种　药 分开 服用。
Zhùyì liǎngzhǒng yào fēnkāi fúyòng.

😊 表現　「2種の薬を分けて飲んでください」の意味。

☐ 私には合わないみたい。

对 我 身体 不合适。

Duì wǒ shēntǐ bùhéshì.

☐ 鍼でツボを刺激します。

用 针灸 刺激 穴位。

Yòng zhēnjiǔ cìjī xuéwèi.

😊 **表現** 穴位 xuéwèi＝ツボ

☐ 鍼は怖いですか?

针灸 治疗 可怕 吗?

Zhēnjiǔ zhìliáo kěpà ma?

☐ 痛かったら言ってください。

如果 疼 的话，请 告诉 我。

Rúguǒ téng de huà, qǐng gàosu wǒ.

💡 **プラスα** 有点 疼。Yǒudiǎn téng.（少し痛いです。）

☐ お灸が熱くなってきました。

灸 渐渐 热起来 了。

Jiǔ jiànjiàn rèqǐlái le.

☐ 鍼が神経にひびくよ。

针灸 刺激 神经 了。

Zhēnjiǔ cìjī shénjīng le.

☐ 痛みが軽くなったみたい。

疼痛 好像 减轻 了。

Téngtòng hǎoxiàng jiǎnqīng le.

☐ 水をたくさん飲みなさい。

多 喝 水 吧。

Duō hē　shuǐ ba.

☐ 乾燥は風邪のもと。

干燥 是 感冒 的 最大 的 原因。

Gānzào shì　gǎnmào de　zuìdà　de　yuányīn.

☐ 冷えは万病のもと。

风寒 是 一切 病症 的 根源。

Fēnghán shì　yíqiè　bìngzhèng de　gēnyuán.

健康法

☐ 自己治癒力を高めましょう。

要 提高 自然 治愈 能力。

Yào tígāo　zìrán　zhìyù　nénglì.

☺ 表現　提高 tígāo＝高める

☐ 女性はあたたかいものをたくさん食べなきゃ。

女性 应该 多 吃 热 的 食物。

Nǚxìng yīnggāi duō chī rè　de　shíwù.

☐ 医食同源。

药食同源。

Yàoshítóngyuán.

☺ 表現　医食同源は、中国語では「薬食同源」となる。

173

いろいろな症状

肩がこる。
我 肩酸。
Wǒ jiānsuān.

頭痛がする。
我 头痛。
Wǒ tóutòng.

おなかが痛い。
我 肚子 痛。
Wǒ dùzi tòng.

息苦しい。
呼吸 困难。
Hūxī kùnnan.

動悸がする。
我 有 心跳。
Wǒ yǒu xīntiào.

足が痛い。
我 脚痛。
Wǒ jiǎotòng.

☐ 生姜は体をあたためます。

生姜 有 温暖 身体 的 功能。

Shēngjiāng yǒu wēnnuǎn shēntǐ de gōngnéng.

☐ レトルトの薬膳もあります。

也 有 即食 袋装 的 药膳。

Yě yǒu jíshí dàizhuāng de yàoshàn.

😊 **表現** 即食 袋装 jíshí dàizhuāng＝レトルト

☐ 中国人の平均寿命は日本人とほとんど変わりません。

中国人 的 平均 寿命 跟 日本人 差不多。

Zhōngguórén de píngjūn shòumìng gēn Rìběnrén chàbuduō.

☐ 夜8時までに食事を済ませましょう。

晚上 八点 之前 吃完 饭 吧。

Wǎnshang bādiǎn zhīqián chīwán fàn ba.

💡 **プラスα** ～完 ～wán＝～し終わる。事情 做完 了。Shìqing zuòwán le.（用事を済ませた。）

☐ 早寝早起き。

早睡 早起。

Zǎoshuì zǎoqǐ.

☐ 太極拳は武術のひとつ。

太极拳 是 中国 的 武术 之一。

Tàijíquán shì Zhōngguó de wǔshù zhīyī.

☐ ダイエット効果もあります。

还 有 减肥 作用。

Hái yǒu jiǎnféi zuòyòng.

😊 **表現** 减肥 jiǎnféi＝ダイエット

CHAPTER 5

日本とのかかわり

THEME 23　日本での買いもの①

デパート　　Disc 2 -14

☐ いちばん有名なデパートはどこ?

最 有名 的 百货 商店　是 哪 一个?

Zuì yǒumíng de　bǎihuò shāngdiàn shì　nǎ　yíge?

☐ 銀座のデパートに連れていって。

请 你 带 我 去 银座 的 百货 商店。

Qǐng nǐ　dài wǒ　qù Yínzuò de　bǎihuò shāngdiàn.

😊 表現　带 dài＝連れていく

☐ フロアマップはどこ?

楼层 示意图 在 哪里?

Lóucéng shìyìtú　zài　nǎlǐ?

☐ エレベーターガールがいます。

这里 有 电梯 小姐。

Zhèlǐ　yǒu diàntī　xiǎojiě.

😊 表現　电梯 小姐 diàntī xiǎojiě＝エレベーターガール

☐ ベビーカーは借りられますか?

可以 借 婴儿车 吗?

Kěyǐ　jiè　yīng'érchē　ma?

🔵 プラスα　婴儿车 yīng'érchē＝ベビーカー。儿は「児」の簡体字。
我 想 换 婴儿 的 尿布。Wǒ xiǎng huàn yīng'ér de niàobù.（赤ちゃんのおしめ を替えたいの。）这里 有 哺乳 室。Zhèlǐ yǒu bǔrǔ shì.（授乳室もありますよ。）

☐ このフロアの商品はすべて免税です。

这 楼层 销售　的 商品　都 是　免税　的。

Zhè lóucéng xiāoshòu de　shāngpǐn dōu shì　miǎnshuì de.

178

☐ 日本の店員は接客が丁寧だね。

日本 店员 很 有 礼貌。

Rìběn diànyuán hěn yǒu lǐmào.

😊 表現　有 礼貌 yǒu lǐmào＝礼儀正しい

☐ 中国語の話せる店員がいますよ。

有 会 说 中国话 的 店员。

Yǒu huì shuō Zhōngguóhuà de diànyuán.

☐ 日本人より中国人が多いね。

中国 客人 比 日本 客人 多。

Zhōngguó kèrén bǐ Rìběn kèrén duō.

☐ ちゃんと並んでください！

请 排队 等候。

Qǐng páiduì děnghòu.

☐ これ試食できるの？

这个 可以 试吃 吗?

Zhège kěyǐ shìchī ma?

☐ 紳士服売り場は何階ですか？

男士 服装 在 几楼?

Nánshì fúzhuāng zài jǐlóu?

☐ 腕時計はどこで買えますか？

手表 在 哪里 卖?

Shǒubiǎo zài nǎlǐ mài?

😊 表現　直訳は「腕時計はどこで売っていますか。」

☐ 着けてみてもいいですか?

我 可以 试试 吗?
Wǒ kěyǐ shìshì ma?

😊 表現 直訳は「ちょっと試してもいいですか?」

☐ よくお似合いですよ。

很 适合 您 啊。
Hěn shìhé nín a.

😊 表現 您 nín は你 nǐ の丁寧な言い方。直訳は「あなたにとても合っています。」

☐ 子どものおもちゃ売り場はどこですか?

儿童 玩具 在 哪里 卖?
Értóng wánjù zài nǎlǐ mài?

☐ アリペイは使えますか?

可以 使用 支付宝 吗?
Kěyǐ shǐyòng zhīfùbǎo ma?

😊 表現 支付宝 zhīfùbǎo＝アリペイ(中国の決済サービス)

コスメ

☐ 日本の化粧品は品質がいいね。

日本 的 化妆品 质量 很 好。
Rìběn de huàzhuāngpǐn zhìliàng hěn hǎo.

😊 表現 质量 zhìliàng＝品質

☐ このメーカーの商品がいちばん人気です。

这个 牌子 的 化妆品 是 最 受 欢迎 的。
Zhège páizi de huàzhuāngpǐn shì zuì shòu huānyíng de.

😊 表現 牌子 páizi＝メーカー、ブランド

☐ 天然成分を使っていて安心です。

使用 天然 成分，能 放心。
Shǐyòng tiānrán chéngfèn, néng fàngxīn.

☐ ヒアルロン酸たっぷりのフェイスパックがほしい。

我 要 玻尿酸 成分 含量 高 的 面膜。
Wǒ yào bōniàosuān chéngfèn hánliàng gāo de miànmó.

😊 表現　玻尿酸 bōniàosuān＝ヒアルロン酸。面膜 miànmó＝フェイスパック

☐ 効果が抜群なの！

有 很 好 的 美容 效果！
Yǒu hěn hǎo de měiróng xiàoguǒ!

☐ 1個といわず、1箱買っちゃえ。

我 不是 买 一个，我 要 买 一箱。
Wǒ búshì mǎi yíge, wǒ yào mǎi yìxiāng.

☐ 日本製は中国コスメに比べるとお高めです。

日本 的 化妆品 比 中国 的 贵 一点。
Rìběn de huàzhuāngpǐn bǐ Zhōngguó de guì yìdiǎn.

☐ アイシャドウの色が豊富だね。

眼影 的 颜色 很 丰富。
Yǎnyǐng de yánsè hěn fēngfù.

😊 表現　眼影 yǎnyǐng＝アイシャドウ。颜色 yánsè＝色

☐ 友だちからも頼まれているの。

我 帮 朋友 代购 的。
Wǒ bāng péngyou dàigòu de.

😊 表現　直訳は「代理で友人のものを買っている。」

☐ 日焼け止めはかかせない。

防晒霜　是 必不可少 的。

Fángshàishuāng shì bìbùkěshǎo de.

😊 **表現**　防晒霜 fángshàishuāng＝日焼け止め。必不可少 bìbùkěshǎo＝なくてはならない、不可欠な

☐ 無香料のものはありますか?

有 不含 香料 的 吗?

Yǒu bùhán xiāngliào de ma?

☐ 国慶節で買い物に来ました。

趁 国庆节，我 来 买 东西。

Chèn GuóqìngJié, wǒ lái mǎi dōngxi.

💬 **文法**　趁〜 chèn〜＝〜に乗じて。国慶節は建国を記念した祝日（10月1日）。

☐ 日本の電化製品は丈夫で長持ち。

日本 的 家电 坚固 耐用。

Rìběn de jiādiàn jiāngù nàiyòng.

😊 **表現**　坚固 耐用 jiāngù nàiyòng＝丈夫で長持ちする

☐ 家電で人気は炊飯器。

最 受 欢迎 的 家电 是 电饭煲。

Zuì shòu huānyíng de jiādiàn shì diànfànbāo.

⚙ **プラスα**　电饭煲 diànfànbāo＝炊飯器
日本 的 电饭煲 能 作 粥 和 烩饭。Rìběn de diànfànbāo néngzuò zhōu hé huìfàn.（日本の炊飯器はおかゆや炊き込みご飯も作れる。）

☐ 商品が多すぎて迷っちゃう!

商品 太 多，很 难选。

Shāngpǐn tài duō, hěn nánxuǎn.

☐ 最新のモデルはどれですか?

最新 的 型号 是 哪 一个?

Zuì xīn de xínghào shì nǎ yíge?

💡 プラスα 操作 方法 太 复杂。Cāozuò fāngfǎ tài fùzá.（操作が複雑すぎるよ。）

☐ もっと安くなりませんか?

再 便宜 一点，行 不行?

Zài piányí yìdiǎn, xíng bùxíng?

💡 プラスα 旧款 的 产品 可能 便宜 吗? Jiùkuǎn de chǎnpǐn kěnéng piányi ma?（型落ちの商品なら安いかな?）旧款 jiùkuǎn＝型落ち。この款 kuǎnは型式を表す。

☐ 別のお店はもっと安かったのに。

别 的 商店里 卖 的 更 便宜。

Bié de shāngdiànli mài de gèng piányi.

☐ ポイント還元します。

我们 还 客人 积分。

Wǒmen huán kèrén jīfēn.

🎵 発音 还は「また、さらに」のときは hái、「返す」の意味のときは huán と発音する。积分 jīfēn＝スコア、ポイント

☐ 持って帰れるかな?

可以 带 回去 吗?

Kěyǐ dài huíqù ma?

😊 表現 带 回去 dài huíqù＝持ち帰る

☐ ホテルに届けてもらえますか?

可以 送到 酒店 吗?

Kěyǐ sòngdào jiǔdiàn ma?

☐ 中国ではまだ売っていないですよね?

中国 还 没有 开始 销售 那个 产品 吧?

Zhōngguó hái méiyǒu kāishǐ xiāoshòu nàge chǎnpǐn ba?

📖 文法 还 没有～ hái méiyǒu～＝まだ～ない

ドラッグストア Disc 2 -17

☐ 日本の薬はよくきく。

日本 的 药品 效果 很 好。
Rìběn de yàopǐn xiàoguǒ hěn hǎo.

☐ 中国で買うより、ずっと安いです。

比 在 中国 买，便宜 得 多。
Bǐ zài Zhōngguó mǎi, piányi de duō.

> 文法 ～得 多 ～de duō＝ずっと～だ

☐ 目薬だけでこんなにたくさんの種類があるよ。

光 眼药水，就 有 这么 多 种类。
Guāng yǎnyàoshuǐ, jiù yǒu zhème duō zhǒnglèi.

> 表現 这么 zhème＝こんな

☐ 薬剤師さんに効能を聞いてみよう。

问 一 问 药剂师 药效 如何。
Wèn yiwèn yàojìshī yàoxiào rúhé.

☐ 疲れ目なんですが。
我 眼睛 疲劳。
Wǒ yǎnjing píláo.

> プラスα 对 结膜炎 有 效果 的 是 哪 一种? Duì jiémóyán yǒu xiàoguǒ de shì nǎ yìzhǒng? (結膜炎にきくのはどれですか?)
> 我 有 干眼症。Wǒ yǒu gānyǎnzhèng. (ドライアイなんです。)

☐ マストで買いたいアイテムです。

这 是 我 一定 要 买 的 商品。
Zhè shì wǒ yídìng yào mǎi de shāngpǐn.

> 表現 一定 yídìng＝必ず

☐ スーッとするタイプがいいね。

我 要 上 眼药 后，觉得 很 爽快 的 那种。
Wǒ yào shàng yǎnyào hòu, juéde hěn shuǎngkuài de nàzhǒng.

文法 | 觉得～ juéde～=～のように感じる

☐ コンタクトをしていても使えますか？

戴 隐形 眼镜 时 也 可以 用 吗?
Dài yǐnxíng yǎnjìng shí yě kěyǐ yòng ma?

☐ 防腐剤の入っていない薬はありますか？

有 没有 不含 防腐剂 的 药?
Yǒu méiyǒu bùhán fángfǔjì de yào?

☐ 10万円分買いました。

我 买 了 相当于 十万 日元 的 东西。
Wǒ mǎi le xiāngdāngyú shíwàn rìyuán de dōngxi.

☐ このど飴は神！

这种 润喉糖 就 是 神药!
Zhèzhǒng rùnhóutáng jiù shì shényào!

表現 | 神药 shényào＝最高の薬

☐ ピーチ味なのがいいね。

要 桃子 味 的。
Yào táozi wèi de.

☐ まるでデパートみたい。

像 百货商店 似的。
Xiàng bǎihuòshāngdiàn shìde.

☐ 赤いパッケージが好き。

我 喜欢 红色 的 包装。
Wǒ xǐhuan hóngsè de bāozhuāng.

☐ この容器が使いやすくていいんだよ。

这个 容器 好用，很 方便。
Zhège róngqì hǎoyòng, hěn fāngbiàn.

☐ 小さい湿布があって便利。

买 小 的 湿敷，很 方便。
Mǎi xiǎo de shīfū, hěn fāngbiàn.

😊 表現 「小さい湿布を買うと便利」の意味。

☐ みんなが持っていないものを買いたいの。

我 想 买 大家 没有 的 东西。
Wǒ xiǎng mǎi dàjiā méiyǒu de dōngxi.

☐ 一度使ったらやめられない。

一 用起来 就 停不下来。
Yí yòngqilái jiù tíngbuxiàlái.

☐ 野菜が新鮮！

蔬菜 很 新鲜！
Shūcài hěn xīnxian!

☐ 産地がちゃんと書かれているよ。

商品上　标明　产地。

Shāngpǐnshàng biāomíng chǎndì.

☐ レジ袋は有料です。

购物 塑料袋 是 收费 的。

Gòuwù sùliàodài shì shōufèi de.

> 💡 プラスα　收费 shōufèi＝有料。免费 miǎnfèi＝無料

☐ ポイントカードはお持ちですか?

有 没有 本店 的 积分卡?

Yǒu méiyǒu běndiàn de jīfēnkǎ?

☐ ノンアルコールビールはあるかな?

有 没有 无醇 啤酒?

Yǒu méiyǒu wúchún píjiǔ?

> 😊 表現　无醇 啤酒 wúchún píjiǔ＝ノンアルコールビール

☐ お惣菜がいっぱいあるね。

家常菜 也 卖 得 很 多。

Jiāchángcài yě mài dé hěn duō.

> 😊 表現　家常菜 jiāchángcài＝惣菜、家庭料理

☐ カップラーメンを食べてみたい。

我 想 吃 方便面。

Wǒ xiǎng chī fāngbiànmiàn.

☐ とんこつ味ってどんな味?

"豚骨味" 是 什么 味道?

"Túngǔwèi" shì shénme wèidào?

☐ 天井まで商品が積まれている!

商品 堆积到 天花板!
Shāngpǐn duījīdào tiānhuābǎn!

☺ 表現 天花板 tiānhuābǎn＝天井

☐ 中華料理の調味料もあるよ。

也 有 中国菜 的 调料。
Yě yǒu Zhōngguócài de tiáoliào.

☺ 表現 调料 tiáoliào＝調味料

☐ お弁当はあたためてもらえますか?

能 帮 我 把 便当 加热 吗?
Néng bāng wǒ bǎ biàndāng jiārè ma?

☐ 閉店間際だと安くなります。

关店 前，价格 会 更 便宜 一些。
Guāndiàn qián, jiàgé huì gèng piányi yìxiē.

☐ スマホ決済できないの、つらい。

不可以 用 手机 支付，不方便。
Bùkěyǐ yòng shǒujī zhīfù, bùfāngbiàn.

☐ アイス買おうよ。

买 冰激淋 吧。
Mǎi bīngjīlín ba.

☺ 表現 冰激淋 bīngjīlín＝アイスクリーム

☐ 真夏のアイスは格別!

盛夏 的 冰激淋 是 别有 风味!
Shèngxià de bīngjīlín shì biéyǒu fēngwèi!

★カルチャー 直訳は「真夏のアイスクリームは特においしい。」
中国人はあまり冷たいものを食べたり飲んだりしないが、若者が外でアイスクリームなどを食べているのは、よく見かける。

THEME 25 観光案内

寺社仏閣

Disc 2 -19

寺社仏閣

☐ 京都や奈良に行ってみたいです。

我 很 想 去 京都 和 奈良。
Wǒ hěn xiǎng qù Jīngdū hé Nàiliáng.

☐ 五重の塔をバックに写真を撮って！

把 五重塔 作为 背景，给 我 照 一张 相 吧！
Bǎ wǔchóngtǎ zuòwéi bèijǐng, gěi wǒ zhào yìzhāng xiàng ba!

☐ 法隆寺は世界最古の木造建築です。

法隆寺 是 世界 最早 的 木造 建筑。
Fǎlóngsì shì shìjiè zuìzǎo de mùzào jiànzhù.

☐ 日本のお寺にはわびさびがあるね。

日本 的 寺庙 都 有 闲寂 和 古雅 的 气氛。
Rìběn de sìmiào dōu yǒu xiánjì hé gǔyǎ de qìfēn.

😊 表現 古雅 gǔyǎ＝古風で優雅なこと

☐ 大仏の体内に入ることができますよ。

我们 可以 进到 大佛 的 里面。
Wǒmen kěyǐ jìndào dàfó de lǐmiàn.

☐ ここは厄払いで有名です。

这里 以 驱除 灾难 而 享有 盛名。
Zhèli yǐ qūchú zāinàn ér xiǎngyǒu shèngmíng.

💡 プラスα 灵验 língyàn＝霊験、効き目

189

☐ 金運アップのお守りがほしい。

我 要 财运 上升　　 的 护身符。

Wǒ yào cáiyùn shàngshēng de hùshēnfú.

😊 表現　护身符 hùshēnfú＝お守り

☐ 縁結びにおすすめの神社を教えて。

请 给 我 介绍 一下 牵 红线　 的 神社。

Qǐng gěi wǒ jièshào yíxià qiān hóngxiàn de shénshè.

😊 表現　牵红线 qiān hóngxiàn＝男女の縁を結ぶ

☐ 絵馬に願いごとを書くんだよ。

在 这片 木板 上　 写上 心愿，挂起来。

Zài zhèpiàn mùbǎn shang xiěshàng xīnyuàn, guàqǐlái.

😊 表現　直訳は「この板に願いを書いて、掛けて。」

☐ 御朱印は記念スタンプではありません。

表示 "御朱印" 的 不是 纪念戳。

Biǎoshì "yùzhūyìn" de búshì jìniànchuō.

😊 表現　纪念戳 jìniànchuō＝記念スタンプ。中国語では「記念」ではなく纪念 jìniàn であることに注意。

☐ お賽銭はいくら入れるの？

应该 投 多少 功德钱?

Yīnggāi tóu duōshao gōngdéqián?

😊 表現　功德钱 gōngdéqián＝お賽銭

☐ おみくじ引いてみたい！

我 想 求 签！

Wǒ xiǎng qiú qiān!

😊 表現　求签 qiú qiān＝おみくじを引く

☐ わー、大吉！

我 抽到 了 "大吉"！

Wǒ chōudào le "dàjí"!

☐ 開園前から行列が！

开园 前，很 多 人 已经 排着队 了！
Kāiyuán qián, hěn duō rén yǐjīng páizheduì le!

☐ アプリで予約パスを取っておこう。

先 用 软件 买 预约 游览票 吧。
Xiān yòng ruǎnjiàn mǎi yùyuē yóulǎnpiào ba.

😊 表現 软件 ruǎnjiàn＝アプリ

☐ 絶叫マシーンは苦手なの。

我 很 怕 恐怖 游乐 设施。
Wǒ hěn pà kǒngbù yóulè shèshī.

😊 表現 恐怖 游乐 设施 kǒngbù yóulè shèshī＝(遊園地などの)絶叫マシーン

☐ マスコットと写真撮って！

和 吉祥物 一起 拍照 吧！
Hé jíxiángwù yìqǐ pāizhào ba!

😊 表現 吉祥物 jíxiángwù＝マスコット

☐ おとぎの国だー。

像 仙境 似的。
Xiàng xiānjìng shìde.

☐ パレード見ようよ。

看看 盛装 游行 吧。
Kànkan shèngzhuāng yóuxíng ba.

😊 表現 盛装 游行 shèngzhuāng yóuxíng＝パレード

テーマパーク

☐ 最新のアトラクションはどれ？

哪一个 是 最新 的 游乐 设施?
Nǎyíge shì zuìxīn de yóulè shèshī?

☐ あそこのベンチで待っているね。

我 坐在 那个 长椅 上，等 你。
Wǒ zuòzài nàge chángyī shàng, děng nǐ.

☐ えー、待ち時間90分だって！

哦，要 等 90分钟!
Ó, yào děng jiǔshífēnzhōng!

☐ 閉園ぎりぎりまで遊ぼう！

我们 玩到 要 关门 的 时间 吧!
Wǒmen wándào yào guānmén de shíjiān ba!

☺ 表現 ここでの要 yàoは、「～しようとする」を表す。

自然

☐ 日本は自然豊かな国です。

日本 具有 丰富 的 大自然。
Rìběn jùyǒu fēngfù de dàzìrán.

☐ 日本には四季があります。

日本 有 四个 季节。
Rìběn yǒu sìge jìjié.

☐ 世界自然遺産が4つあります。

有 四个 世界 自然 遗产。

Yǒu sìge   shìjiè   zìrán   yíchǎn.

☐ 富士山の形は美しいな。

富士山 的 形状   非常 美。

Fùshìshān de   xíngzhuàng fēicháng měi.

⭐カルチャー 中国人観光客にとって、日本で行きたい場所は断トツで富士山。下から眺めるだけでも大満足だという。新幹線でも富士山の見える側の席が大人気。五合目の土産物店では中国語で接客対応もしている。

☐ 桜は日本的な象徴のひとつ。

樱花 是 日本 的 象征   之 一。

Yīnghuā shì Rìběn   de   xiàngzhēng zhī yì.

☐ 日本は自然災害が多いね。

日本 自然 灾害 比较 多。

Rìběn   zìrán   zāihài   bǐjiào   duō.

☐ 2011年には東日本大震災が起こりました。

2011年 发生 了 东日本 大地震。

Erlíngyīyī nián fāshēng le   Dōng Rìběn dàdìzhèn.

☐ 地震だ!

发生 地震 了!

Fāshēng dìzhèn le!

☐ 紅葉が見頃です。

现在 正是 观赏   红叶 的 季节。

Xiànzài zhèngshì guānshǎng hóngyè de   jìjié.

自
然

☐ 土下座は日本独特の謝罪の仕方。

下跪 是 日本 独特 的 道歉 方法。

Xiàguì shì Rìběn dútè de dàoqiàn fāngfǎ.

😊 表現　下跪 xiàguì＝土下座する、ひざまずく。道歉 dàoqiàn＝おわびする

☐ 正座は畳文化ならでは。

跪坐 是 榻榻米 文化 特有 的 礼仪 方式。

Guìzuò shì tàtàmǐ wénhuà tèyǒu de lǐyí fāngshì.

😊 表現　榻榻米 tàtàmǐ＝畳の音訳

☐ 麺類はズズズッとすすってください。

吃 面条 时，有 抽吸 的 声音 也 没有 问题。

Chī miàntiáo shí, yǒu chōuxī de shēngyīn yě méiyǒu wèntí.

☐ 初対面ではおじぎをします。

初次 见面 时，要 鞠躬。

Chūcì jiànmiàn shí, yào jūgōng.

😊 表現　鞠躬 jūgōng＝おじぎをする

☐ 家の中では靴をぬいでね。

在 家里，一定 要 脱 鞋。

Zài jiāli, yídìng yào tuō xié.

☐ 湯船につかる前には体を洗ってください。

进 浴池 之 前，请 先 淋浴。

Jìn yùchí zhī qián, qǐng xiān línyù.

☐ 歩きタバコは禁止です。

路上 禁止 抽 烟。

Lùshàng jìnzhǐ chōu yān.

😊 表現 ‖ 直訳は「路上喫煙禁止。」

☐ ゴミは持ち帰るのがマナー。

垃圾 请 务必 带走。

Lājī qǐng wùbì dàizǒu.

☐ 日本人は生のお魚を食べます。

日本人 经常 吃 生 的 鱼。

Rìběnrén jīngcháng chī shēng de yú.

⭐ カルチャー ‖ 中国人は生ものを食べないといわれるが、最近ではマグロの刺身やお寿司も人気。

☐ 電車で眠っている人がいて、びっくり!

在 电车 上 有 睡觉 的 人，我 感到 奇怪!

Zài diànchē shàng yǒu shuìjiào de rén, wǒ gǎndào qíguài!

☐ 自動販売機って初めて見たよ。

我 第一次 看到 自动 售货机。

Wǒ dìyīcì kàndào zìdòng shòuhuòjī.

☐ 日本人はすぐ謝るよね。

日本人 经常 道歉。

Rìběnrén jīngcháng dàoqiàn.

☐ お菓子が過剰包装だよ。

日本 零食 的 包装 太 浪费 了。

Rìběn língshí de bāozhuāng tài làngfèi le.

😊 表現 ‖ 直訳は「お菓子の包装がムダである。」

日本のマナー・習慣

☐ 写真でいつもピースサインをするのが謎。

我 不理解 日本人 拍照 时 打出 V字形 手势。
Wǒ bùlǐjiě Rìběnrén pāizhào shí dǎchū V zìxíng shǒushì.

☐ 中国にも割り勘文化はあります。

中国 也 有 AA制 的 习惯。
Zhōngguó yě yǒu AAzhì de xíguàn.

😊 表現 AA制 AAzhì＝割り勘

☐ 順番は守りましょう。

遵守 顺序 吧。
Zūnshǒu shùnxu ba.

日本文化の体験

☐ 正座が苦手でも茶道体験できますか？

不擅长 跪坐 的 人 也 可以 体验 日本 茶道 吗？
Búshàncháng guìzuò de rén yě kěyǐ tǐyàn Rìběn chádào ma?

☐ お抹茶って苦い！

抹茶 很 苦！
Mòchá hěn kǔ!

☐ 日本の着物を着てみたかったの。

我 很 想 试穿 日本 和服。
Wǒ hěn xiǎng shìchuān Rìběn héfú.

☐ 舞妓さんみたいな格好はできる?

可 不可以 打扮 成 舞妓 那样?
Kě bukěyǐ dǎbàn chéng wǔjì nàyang?

💡 **プラスα** 日本 舞妓 都 涂成 白色 的 脸。Rìběn wǔjì dōu túchéng báisè de liǎn.（日本の舞妓は顔を真っ白に塗るのね。）

☐ 着物のレンタルは含まれますか?

包括 租借 和服 的 费用 吗?
Bāokuò zūjiè héfú de fèiyòng ma?

☐ 墨をすっていると心が落ち着くね。

研 墨 让 人 的 心情 平静下来。
Yán mò ràng rén de xīnqíng píngjìngxiàlái.

😊 **表現** 直訳は「墨をすることが人の心を落ち着かせる。」

日本文化の体験

☐ 気もちが晴々したなー!

心里 感到 很 舒畅。
Xīnli gǎndào hěn shūchàng.

☐ 座禅ってなにを考えながら座っているの?

打坐 时 大家 都 在 想 什么?
Dǎzuò shí dàjiā dōu zài xiǎng shénme?

😊 **表現** 打坐 dǎzuò＝座禅をする

☐ 無です。

就是 "无"。
Jiùshì "wú".

☐ 手裏剣を投げてみたい!

我 想 投掷 手里剑!
Wǒ xiǎng tóuzhì shǒulǐjiàn!

◯ サムライになった気分。

我 觉得 自己 像 武士。
Wǒ juéde zìjǐ xiàng wǔshì.

◯ 太鼓の音って体にひびくね。

打 鼓 的 声音 在 全身 回响。
Dǎ gǔ de shēngyīn zài quánshēn huíxiǎng.

😊 表現 ｜ 回响 huíxiǎng＝ひびく、こだまする

◯ 日本舞踊の基本を教えてください。

请 教 我 日本 舞蹈 的 基础。
Qǐng jiāo wǒ Rìběn wǔdǎo de jīchǔ.

◯ 扇はどうやって持てばいいの?

扇子 怎么 拿 好 呢?
Shànzi zěnme ná hǎo ne?

◯ 1曲踊れるようになったよ。

我 会 跳 这首 歌 的 舞蹈 了。
Wǒ huì tiào zhèshǒu gē de wǔdǎo le.

◯ これぞ日本の美!

这 就是 日本 "美" 的 感情!
Zhè jiùshì Rìběn "měi" de gǎnqíng!

◯ 日本の伝統芸能です。

这 是 日本 的 传统 艺能。
Zhè shì Rìběn de chuántǒng yìnéng.

THEME 27 日本の交通

電車・地下鉄

☐ 券売機はどこ？

售票机 在 哪里？

Shòupiàojī zài　nǎlǐ?

☐ ICカードがあると便利だよ。

使用 交通卡 的 话，很 方便。

Shǐyòng jiāotōngkǎ de　huà,　hěn fāngbiàn.

☐ 朝の満員電車、半端ない。

早上 高峰 时间 的 满员 电车 真 是 不得了。

Zǎoshàng gāofēng shíjiān de　mǎnyuán diànchē zhēn shì bùdéliǎo.

😊 表現　不得了 bùdéliǎo＝ひどい、たまらない

☐ 車内では通話しないでください。

请 不要 在 车内 打 电话。

Qǐng búyào zài　chēnèi dǎ　diànhuà.

💡 プラスα　请 站 在 黄线 后面。Qǐng zhàn zài huáng xiàn hòumiàn.（黄色い線の内側まで下がってください。）

☐ 乗り換えが難しい。

车站 构造 复杂，换 车 很 难。

Chēzhàn gòuzào fùzá,　　huàn chē hěn nán.

☐ 時刻表どおりでびっくり！

电车 都 按照 时刻表 运行，我 很 吃惊。

Diànchē dōu ànzhào shíkèbiǎo　yùnxíng,　wǒ　hěn chījīng.

☐ 人身事故で電車が遅れています。

由于 发生 了 人身 事故，电车 误点 了。
Yóuyú fāshēng le rénshēn shìgù, diànchē wù diǎn le.

☐ 急停車します！

紧急 刹车！
Jǐnjí shāchē!

😊 **表現** 刹车 shāchē＝ブレーキを踏む

☐ この車両は女性専用車です。

这 是 女性 专用 车厢。
Zhè shì nǚxìng zhuānyòng chēxiāng.

💡 **プラスα** 车厢 chēxiāng＝車両

☐ そこは優先席です。

这里 是 老弱病残孕 专座。
Zhèli shì lǎoruòbìngcányùn zhuānzuò.

交通マナー
Disc 2 -25

☐ 車は左側通行です。

汽车 靠 左侧 行驶。
Qìchē kào zuǒcè xíngshǐ.

☐ ここは歩行者優先です。

这里 行人 优先。
Zhèli xíngrén yōuxiān.

☐ 飲酒運転は絶対だめ！

禁止 酒后 驾驶！
Jìnzhǐ jiǔhòu jiàshǐ!

😊 **表現** 驾驶 jiàshǐ＝運転する

☐ 路上駐車は罰金です。

路上 停车 要 罚款。
Lùshàng tíngchē yào fákuǎn.

☐ 高齢者の自動車事故が問題になっています。

老年人 开车 引起 的 交通 事故 是 一个 很 大 的 社会 问题。
Lǎoniánrén kāichē yǐnqǐ de jiāotōng shìgù shì yíge hěn dà de shèhuì wèntí.

日本のバス

Disc 2 -26

☐ 降りるときは、このボタンを押して。

下车 时，请 按 这个 钮。
Xiàchē shí, qǐng àn zhège niǔ.

💡 **プラスα** 按 钮 àn niǔ＝ボタンを押す

☐ あと1時間しないと次のバスが来ない……。

下一班 公共 汽车 一个 小时 以后 才 能 来……。
Xiàyìbān gōnggòng qìchē yíge xiǎoshí yǐhòu cái néng lái…….

😊 **表現** 下 xià＝次の。才 cái＝やっと

☐ 乗りすごした！

坐过 了 站！
Zuòguò le zhàn!

☐ 大阪まで高速バスで行かない?

到 大阪, 坐 高速 巴士 去 怎么样?
Dào Dàbǎn,　zuò gāosù　bāshì　qù　zěnmeyàng?

☐ 朝になったら目的地に着くよ。

明天 早上 我们 可以 到达 目的地。
Míngtiān zǎoshàng wǒmen kěyǐ　dàodá　mùdìdì.

新幹線

☐ 最高時速は285キロです。

最高 时速 是 285 公里。
Zuìgāo shísù　shì　èrbǎibāshíwǔ gōnglǐ.

★カルチャー 中国の新幹線(高速鉄道)は時速250キロ以上で走り、総距離は3万キロに近い。香港ー北京間にも高速鉄道が開通している。車内は意外と衛生的で日本の新幹線と遜色ない。チケットの購入には身分証明書が必要。

☐ ワゴン販売が来るよ。

售货车 会 过来。
Shòuhuòchē huì　guòlái.

💡プラスα 我 想 吃 车站 便当。 Wǒ xiǎng chī chēzhàn biàndāng. (駅弁食べたいな。)

☐ 見て、富士山が見えるよ。

你 看, 那里 看得到 富士山。
Nǐ　kàn,　nàli　kàndedào　Fùshìshān.

☐ 京都まで2時間ちょっとで着きます。

到 京都 需要 两个 多 小时。
Dào Jīngdū　xūyào　liǎngge　duō xiǎoshí.

💡プラスα 名古屋 的 下一站 是 京都。 Mínggǔwū de xiàyízhàn shì Jīngdū. (名古屋の次は京都ですよ。)

CHAPTER 6

エンタメ・遊び

アニメ・マンガ Disc 2 -28

☐ 日本のアニメは大人気です。

日本 的 动画 很 受 欢迎。

Rìběn de dònghuà hěn shòu huānyíng.

> 💡 プラスα　动画 dònghuà＝アニメ。动漫 dòngmànともいうが、こちらはアニメとマンガ双方を指す場合も。

☐ 日本語の勉強にもなるんだよ。

看 动画 对 学习 日语 有效。

Kàn dònghuà duì xuéxí Rìyǔ yǒuxiào.

☐ どんなアニメが好き?

你 喜欢 什么 动画?

Nǐ xǐhuan shénme dònghuà?

☐ やっぱりジブリアニメはいいね。

还是 吉卜力 的 动画 好。

Háishì Jíbǔlì de dònghuà hǎo.

> 😊 表現　吉卜力 Jíbǔlì＝ジブリの音訳

☐ 『ドラえもん』、大好き!

我 非常 喜欢 "哆啦 A 梦" !

Wǒ fēicháng xǐhuan "Duōla A mèng"!

> ⭐ カルチャー　日本のアニメはいろいろな年齢層に合った作品があるため、中国でも大変人気がある。海贼王 Hǎizéiwáng ＝『ONE PIECE』。蜡笔小新 Làbǐxiǎoxīn＝『クレヨンしんちゃん』。樱桃小丸子 Yīngtáoxiǎowánzǐ＝『ちびまる子ちゃん』

☐ ネットですぐに配信されるんです。

作品 发表 后, 就 上传到 互联网。

Zuòpǐn fābiǎo hòu, jiù shàngchuándào hùliánwǎng.

> 😊 表現　互联网 hùliánwǎng＝インターネットの音訳

☐ 聖地巡礼したい。

我 想 到 圣地 去 巡礼。
Wǒ xiǎng dào shèngdì qù xúnlǐ.

☐ あのバス停が、有名なロケ地だね。

那个 公共 汽车 站 就是 有名 的 拍摄地。
Nàge gōnggòng qìchē zhàn jiùshì yǒumíng de pāishèdì.

☐ 日本のアニメに影響を受けました。

受到 了 日本 动画 的 影响。
Shòudào le Rìběn dònghuà de yǐngxiǎng.

☐ 萌え!

萌萌哒!
Méngméngdá!

😊 **表現** 萌萌哒 méngméngdá＝萌え、超かわいい

☐ 『NARUTO』や『ドラゴンボール』を読んでいました。

我 一直 看 "火影 忍者" 和 "龙珠" 等 漫画。
Wǒ yìzhí kàn "Huǒyǐng Rěnzhě" hé "LóngZhū" děng mànhuà.

😊 **表現** 火影 忍者 Huǒyǐng Rěnzhě＝『NARUTO』。龙珠 LóngZhū＝『ドラゴンボール』

☐ 中国のアニメも結構おもしろいよ。

中国 的 动画片 也 很 有 意思。
Zhōngguó de dònghuàpiān yě hěn yǒu yìsi.

☐ どんな作品があるの?

有 什么样 的 作品?
Yǒu shénmeyàng de zuòpǐn?

アニメ・マンガ

○ コスプレするのが夢だった。

我 一直 想 演 一个 角色。
Wǒ yìzhí xiǎng yǎn yíge juésè.

○ 主人公になりきっちゃうよ。

我 完全 进入 故事 主人公 的 角色里 了。
Wǒ wánquán jìnrù gùshi zhǔréngōng de juésèlǐ le.

○ 血なまぐさい描写は苦手です。

我 不太 喜欢 血腥 的 描写。
Wǒ bútài xǐhuan xuèxīng de miáoxiě.

☺ 表現　血腥 xuèxīng＝血なまぐさい、殺伐とした

○ 漫画喫茶に連れていって！

请 带 我 去 漫画 咖啡店。
Qǐng dài wǒ qù mànhuà kāfēidiàn.

○ 続編は出ないのかな？

会 出 续集 吗?
Huì chū xùjí ma?

2.5次元

○ あのアニメが原作のミュージカルだよ。

歌舞剧 是 那个 漫画 的 原作 吧。
Gēwǔjù shì nàgè mànhuà de yuánzuò ba.

☺ 表現　歌舞剧 gēwǔjù＝ミュージカル

□ 私、追っかけしているの。

我 是 追星族。

Wǒ shì zhuīxīngzú.

☺ 表現　追星族 zhuīxīngzú＝追っかけ

□ 『テニミュ』にハマった。

我 对于 "音乐剧 网球 王子" 着迷 了。

Wǒ duìyú "Yīnyuèjù wǎngqiú wángzǐ" zháomí le.

☺ 表現　音乐剧 网球 王子 Yīnyuèjù wǎngqiú wángzǐ＝ミュージカル『テニスの王子様』、通称『テニミュ』。着迷 zháomí＝夢中になる、とりこになる

□ ソーシャルゲームが原作です。

原作 是 社交 游戏。

Yuánzuò shì shèjiāo yóuxì.

☺ 表現　社交 游戏 shèjiāo yóuxì＝ソーシャルゲーム

□ 『セーラームーン』を見られるとは……！

没 想到 能 看到 "美少女 战士" 的 表演。

Méi xiǎngdào néng kàndào "Měi shàonǚ zhànshì" de biǎoyǎn.

□ 推しはだれ？

谁 是 本命？

Shéi shì běnmìng?

☺ 表現　本命 běnmìng＝推し、推しメン

□ なかなかチケットがとれないんだよね。

很 难 买到 票。

Hěn nán mǎidào piào.

□ おすすめの舞台はある？

有 你 推荐 的 表演 吗？

Yǒu nǐ tuījiàn de biǎoyǎn ma?

ドラマの表現

歴史ドラマの言い回し

Disc 2 -30

☐ 母上の健康をお祈りして、一献ささげます。

为 母亲 的 健康，干 一杯。
Wèi mǔqīn de jiànkāng, gàn yìbēi.

☐ 御意。

遵命。
Zūnmìng.

> 😊 表現　「お指図」の意味。

☐ 下がりなさい！

退下！
Tuìxià!

☐ こいつめ！

这个 家伙！
Zhège jiāhuo!

> 😊 表現　強い罵りの言葉。

☐ なんとしても皇帝の寵愛を得なければ。

必须 得到 皇帝 的 宠爱。
Bìxū dédào huángdì de chǒng'ài.

☐ わが一族もこれで終わり。

我们 的 同族 在此 灭亡。
Wǒmen de tóngzú zàicǐ mièwáng.

☐ 世継ぎの顔を早く見せておくれ。

我想 早点 看 嗣子 的 面貌。

Wǒ xiǎng zǎodiǎn kàn sìzǐ de miànmào.

😊 表現 嗣子 sìzǐ＝世継ぎ、跡継ぎ

☐ 妃の分際で、政に口出しするな。

身为 妃子，别 对 政治 插嘴。

Shēnwéi fēizǐ, bié duì zhèngzhì chāzuǐ.

😊 表現 插嘴 chāzuǐ＝口をはさむ

☐ 後宮を仕切るのはこの私。

掌管 后宫 的 就是 我。

Zhǎngguǎn hòugōng de jiùshì wǒ.

😊 表現 掌管 zhǎngguǎn＝仕切る、管理する

☐ 刺客だ！

有 刺客！

Yǒu cìkè!

☐ 捕まえろ！

抓住 他！

Zhuāzhù tā!

☐ 自害しました。

他 自杀 了。

Tā zìshā le.

☐ 九死に一生を得た。

虎口余生。

Hǔkǒuyúshēng.

😊 表現 虎口余生 hǔkǒuyúshēng＝「危ないところで一命をとりとめる」という故事成語

☐ これは命令じゃ！

这是 我 的 命令！

Zhèjiùshì wǒ de mìnglìng!

☐ 愛しています。

我 爱 你。

Wǒ ài nǐ.

☐ あなたを忘れられない。

我 忘不了 你。

Wǒ wàngbuliǎo nǐ.

☐ 今すぐ会いたいよー。

现在 就 想 见 你。

Xiànzài jiù xiǎng jiàn nǐ.

☐ 結婚って幸せなのかな?

结婚 等于 幸福 吗?

Jiéhūn děngyú xìngfú ma?

😊 表現 直訳は「結婚イコール幸せ?」

☐ もう一緒にはいられない。

我 不能 再 和 你 在 一起 了。

Wǒ bùnéng zài hé nǐ zài yìqǐ le.

☐ 三角関係?

是 不是 三角 恋爱?
Shì bushì sānjiǎo liàn'ài?

☐ よけいなおせっかいだよ!

少管 闲事!
Shǎoguǎn xiánshì!

☐ 親の心子知らずだ!

就 是 "可怜 天下 父母 心"!
Jiù shì "kělián tiānxià fùmǔ xīn"!

 表現　可怜 天下 父母 心 kělián tiānxià fùmǔ xīn＝親の心子知らず

☐ 身から出たサビですよ。

自作 自受。
Zìzuò zìshòu.

😊 表現　直訳では「自分でやって自分で受ける。」

☐ なに言っているんだよ?

你 在 说 什么 呢?
Nǐ zài shuō shénme ne?

😊 表現　このように言うと、少しけんか腰になる。

☐ 私のことは放っておいて。

别 管 我。
Bié guǎn wǒ.

◻ 女々しいな。

真 是 婆婆 妈妈 的。
Zhēn shì pópo māmā de.

☺ 表現　婆婆 妈妈 pópo māmā＝てきぱきしない、意気地がない

◻ 逃げるが勝ち！

溜 之 大吉！
Liū zhī dàjí!

◻ 思わせぶりだな。

煞 有 介事 的。
Shà yǒu jièshì de.

☺ 表現　煞 有 介事 shà yǒu jièshì＝様子ありげな態度をとる

◻ もったいぶらないで教えてくれ。

告诉 我, 别 卖 关子 了。
Gàosu wǒ, bié mài guānzi le.

🅰 プラスα　卖 关子 mài guānzi＝もったいぶる
关子 guānzi は肝心な部分のこと。講釈師が長編物を演じるとき、毎回最大の山場となるところで話をやめ、興味を次回につなぐ手法から来ている。

◻ 叩き上げだよ。

是 训练 而 成 的。
Shì xùnliàn ér chéng de.

☺ 表現　「鍛えて成っただけ」の意味。

◻ 救いようがない。

已经 不可 救 药 了。
Yǐjīng bùkě jiù yào le.

☺ 表現　「病気が重くて治療の施しようがない」という意味から、「もうどうにもならない」という意味に転じている。

◻ 長年の苦労が報われた。

多年 的 努力 得到 了 回报。
Duōnián de nǔlì dédào le huíbào.

スポーツ・観戦

応援

Disc 2 -33

☐ あなたのプレイが大好き。

我 很 喜欢 你 的 比赛。
Wǒ hěn xǐhuan nǐ de bǐsài.

💡 プラスα 技巧 jìqiǎo＝技術、テクニック

☐ ずっと応援しています。

我 会 一直 支持 你 的。
Wǒ huì yìzhí zhīchí nǐ de.

😊 表現 支持 zhīchí＝応援する

☐ かかさず、どの試合も見ています。

我 每次 比赛 都 观看。
Wǒ měicì bǐsài dōu guānkàn.

😊 表現 比赛 bǐsài＝試合

☐ あなたがいちばん輝いている。

你 现在 最 走运。
Nǐ xiànzài zuì zǒuyùn.

😊 表現 直訳は「あなたは今がいちばん順調だ。」

☐ すばらしい選手です。

是 很 好 的 选手。
Shì hěn hǎo de xuǎnshǒu.

💡 プラスα 运动员 yùndòngyuánという言葉もあるが、現在ではこの选手 xuǎnshǒuのほうが多く使われている。

☐ 優勝してください。

祝 你 获得 冠军。
Zhù nǐ huòdé guànjūn.

😊 表現 获得 huòdé＝獲得する。冠军 guànjūn＝優勝

応援

☐ ベストなプレイができますように。

期望 展开 最 好 的 比赛。
Qīwàng zhǎnkāi zuì hǎo de bǐsài.

😊 表現　直訳は「いちばんいい試合が展開されますよう期待しています。」

☐ あなたのプレイに勇気づけられています。

你 的 比赛 振奋了 我，给 我 勇气。
Nǐ de bǐsài zhènfènle wǒ, gěi wǒ yǒngqì.

😊 表現　振奋 zhènfèn＝奮い立たせる

☐ 表彰台の真ん中に立てますように。

我 盼望 你 登上 领奖台 的 最中央。
Wǒ pànwàng nǐ dēngshàng lǐngjiǎngtái de zuìzhōngyāng.

😊 表現　盼望 pànwàng＝待ち焦がれる。领奖台 lǐngjiǎngtái＝表彰台

☐ 早く怪我が治りますように。

我 希望 你 的 伤 能 早点 治好。
Wǒ xīwàng nǐ de shāng néng zǎodiǎn zhìhǎo.

掛け声

☐ がんばって！

加 油！
Jiā yóu!

☐ 負けるな！

别 放弃！
Bié fàngqì!

😊 表現　直訳は「あきらめるな！」

☐ 行けー！

拼 一下！

Pīn yíxià!

😊 表現 「ラストスパート」の意味。

☐ 踏ん張って。

再 加 一把 油。

Zài jiā yìbǎ yóu.

😊 表現 「さらにひと握りの油を加える」からきている。

☐ ため息、禁止！

别 叹气！

Bié tànqì!

☐ よしっ！

好！ 好！

Hǎo! Hǎo!

掛け声

☐ その調子！

继续 努力 啊！

Jìxù nǔlì a!

😊 表現 「続けて努力して」の意味。

☐ サインしてください。

请 给 我 签名。

Qǐng gěi wǒ qiānmíng.

☐ 一緒に写真撮って！

一起 拍照！

Yìqǐ pāizhào!

215

◯ 立て、立て、立ってくれー!

站 起来 吧!

Zhàn qǐlái　　ba!

😊 表現　直訳は「立ち上がれ！」

◯ パーフェクト!

太 好 了!

Tài hǎo le!

◯ ナイスショット!

好 球!

Hǎo qiú!

😊 表現　各種球技の「ナイスショット」「ナイスシュート」「ナイスキャッチ」「ナイスバッティング」など、いろいろなスポーツで 好 球! Hǎo qiú! が使われている。

◯ 誤審では?

是 不是 误判?

Shì bùshì　　wùpàn?

◯ 今のプレイは反則じゃない?

刚才 的 行为 是 不是 犯规?

Gāngcái de　xíngwéi shì bùshi　fànguī?

飲食・物販

◯ 観戦にはビールでしょ。

看 体育 比赛 的 时候 还是 喝 啤酒 最好。

Kàn tǐyù　bǐsài　de　shíhou háishì hē　píjiǔ　zuìhǎo.

💡 プラスα　那里 有 啤酒 售货员。Nàli yǒu píjiǔ shòuhuòyuán. (ビールの売り子がいるよ。)
售货员 shòuhuòyuán＝販売員

☐ 食べ物の持ち込みは禁止です。

场内 禁止 自带 食品。
Chǎngnèi jìnzhǐ zìdài shípǐn.

☐ 缶は紙コップに移し替えてください。

请 把 罐装 的 饮料 倒进 纸杯 里。
Qǐng bǎ guànzhuāng de yǐnliào dàojìn zhǐbēi li.

☐ お弁当買おうよ。

买 便当 吧。
Mǎi biàndāng ba.

☐ プログラム2部買ってきて。

买 两份 节目表 吧。
Mǎi liǎngfèn jiémùbiǎo ba.

😊 **表現** 节目表 jiémùbiǎo＝プログラム、スケジュール

☐ バナータオル買っちゃおうかな。

我 不知道 该 不该 买 横幅 毛巾。
Wǒ bùzhīdào gāi bugāi mǎi héngfú máojīn.

😊 **表現** 横幅 毛巾 héngfú máojīn＝バナータオル

☐ 公式ユニフォーム、もう売り切れだった。

球团 制定 的 球衣 已经 卖完 了。
Qiútuán zhìdìng de qiúyī yǐjing màiwán le.

😊 **表現** 卖完 màiwán＝売り切れ

☐ 2時から選手の握手会があります。

两点 开 选手 的 握手 会。
Liǎngdiǎn kāi xuǎnshǒu de wòshǒu huì.

☐ 今日の動きはいいですね。

今天 的 技术 动作 很 漂亮。

Jīntiān de jìshù dòngzuò hěn piàoliang.

☐ 球がよくコントロールされていますね。

控球 能力 很 好。

Kòngqiú nénglì hěn hǎo.

☐ 初めての9秒台です。

首次 打破 了 十秒 大关。

Shǒucì dǎpò le shímiǎo dàguān.

> 😊 **表現** 直訳は「初めて10秒の壁を破った。」

☐ 人類最強だ！

人类 最 强！

Rénlèi zuì qiáng!

☐ シュ───ト！

射门！

Shèmén!

> 😊 **表現** サッカーでのシュート。

☐ 逆転です！

反超 了！

Fǎnchāo le!

> 😊 **表現** 反超 fǎnchāo＝追い越す、抜き去る

218

☐ オリンピックの女神がほほえんだ。

奥运 女神 微笑 了。

Àoyùn nǚshén wēixiào le.

★ カルチャー　奥运 Àoyùn＝オリンピック。奥林匹克 运动会 Àolínpǐkè Yùndònghuìの略。2008年の北京オリンピックでメインスタジアムとして使われた北京 国家体育场 Běijīng guójiātǐyùchǎng (鸟巢 niǎocháo)のあるオリンピック公園は、夜のライトアップが美しい観光スポット。

☐ 技にキレがあります。

动作 很 流畅。

Dòngzuò hěn liúchàng.

☐ いい当たりでした。

打 得 很 好。

Dǎ dé hěn hǎo.

😊 表現　「うまく打った」の意味。

☐ 実力を出しきりました。

发挥 出了 全部 实力。

Fāhuī chūle quánbù shílì.

☐ この競技の先駆者的存在です。

他 是 这个 比赛 项目 的 先驱者。

Tā shì zhège bǐsài xiàngmù de xiānqūzhě.

☐ 今、流れが来ています。

现在，趋势 很 好。

Xiànzài, qūshì hěn hǎo.

😊 表現　直訳は「今、とてもいい趨勢だ。」

☐ ここでたたみかけたい！

现在，是 绝好 的 反击 机会！

Xiànzài, shì juéhǎo de fǎnjī jīhuì!

😊 表現　直訳は「今が絶好の反撃のチャンスだ。」

解説でよくある表現

遊び

☐ お時間と人数は?

你们 几 位? 要 多长 时间?

Nǐmen jǐ wèi? Yào duōcháng shíjiān?

🔵 文法 位 wèiは人の数を丁寧に表す数量詞。

☐ 2名、2時間でお願いします。

我们 两个 人, 两个 小时。

Wǒmen liǎngge rén, liǎngge xiǎoshí.

☐ 機種はどちらにしますか?

要 哪个 机型?

Yào nǎ ge jīxíng?

😊 表現 机型 jīxíng=機種

☐ ワンドリンク制です。

每位 至少 需要 点 一杯。

Měiwèi zhìshǎo xūyào diǎn yìbēi.

💧 プラスα 至少 zhìshǎo=少なくとも
那边 有 饮料吧。Nàbiān yǒu yǐnliào bā. (ドリンクバーがあるよ。)
この 吧 baは語尾ではなく「バー」を表す。

☐ マイクとリモコンをお持ちください。

请 把 麦克风 和 遥控器 拿去 吧。

Qǐng bǎ màikèfēng hé yáokòngqì náqù ba.

😊 表現 麦克风 màikèfēng=マイクロフォンの音訳。遥控器 yáokòngqì=リモコン

☐ 料金は後払いです。

费用 是 后付款 的。

Fèiyòng shì hòufùkuǎn de.

☐ 生ビール2杯お願いします。

来 两杯 生啤。

Lái liǎngbēi shēngpí.

😊 表現 生啤 shēngpí＝生ビール

☐ だれか曲入れて！

请 先 点 歌 吧。

Qǐng xiān diǎn gē ba.

☐ 先に歌っちゃっていいかな？

我 可以 先 唱 歌 吗?

Wǒ kěyǐ xiān chàng gē ma?

😊 表現 唱 歌 chàng gē＝歌を歌う

☐ 最近の歌がわからない。

我 不熟悉 最近 流行 的 歌。

Wǒ bùshúxī zuìjìn liúxíng de gē.

😊 表現 熟悉 shúxī＝詳しい、精通している

☐ アニソン入れていい？

可以 点 动画 歌曲 吗?

Kěyǐ diǎn dònghuà gēqǔ ma?

☐ もっとボリューム上げて。

音量 大 一点 吧。

Yīnliàng dà yìdiǎn ba.

☐ デュエットしない？

我们 一起 对唱 吧。

Wǒmen yìqǐ duìchàng ba.

😊 表現 对唱 duìchàng＝デュエットする

☐ 終了5分前です。

还有 五分钟 就 结束。

Háiyǒu wǔfēnzhōng jiù jiéshù.

💡 プラスα 「5分後に終わりです」の意味。

请 延长 30分钟。Qǐng yáncháng sānshífēnzhōng.（30分延長お願いします。）

☐ 最後はこの歌で締めたい！

最后 唱完 这个 歌 就 结束 吧。

Zuìhòu chàngwán zhège gē jiù jiéshù ba.

☐ のどがかれちゃった。

唱了 很 多，嗓子 都 嘶哑 了。

Chàngle hěn duō, sǎngzi dōu sīyǎ le.

😊 表現 直訳は「歌いすぎてのどがかれた。」

☐ ひとりカラオケで練習しよう。

我 一个人 去 卡拉OK 练习 唱 歌 吧。

Wǒ yígerén qù Kǎlā OK liànxí chàng gē ba.

💡 プラスα 卡拉OK Kǎlā OK＝カラオケの音訳。調味料のX.O.酱などにもアルファベットが使われている。その他にも、若者はバーベキューをBBQということが多い。

ギャンブル

☐ パチンコ屋さんって入りづらいー。

柏青哥 游戏厅 不好 进去。

Bǎiqīnggē yóuxìtīng bùhǎo jìnqù.

😊 表現 柏青哥 bǎiqīnggē＝パチンコの音訳。不好〜 bùhǎo〜=〜しにくい

☐ 大当たりきたー！

中 头彩 了！

Zhòng tóucǎi le!

😊 表現 中 zhòng＝当たる

☐ 真ん中に当てれば高得点だよ。

正 中 靶心 的 话，可以 得到 高得分。
Zhèng zhòng bǎxīn de huà, kěyǐ dédào gāodéfēn.

😊 表現　靶心 bǎxīn＝的の中心。得分 défēn＝得点

☐ 初心者でもできるかな?

初学者 也 可以 投 镖 吗?
Chūxuézhě yě kěyǐ tóu biāo ma?

😊 表現　ここではダーツを例にしている。直訳は「初心者でも(ダーツの矢を)投げられるのかな?」

☐ そんなに賭けて大丈夫?

赌 那么 多 钱 没 问题 吗?
Dǔ nàme duō qián méi wèntí ma?

☐ ブラックジャックをやってみたい。

我 想 玩 二十一 点。
Wǒ xiǎng wán èrshíyī diǎn.

😊 表現　二十一 点 èrshíyī diǎn＝ブラックジャック

☐ 一か八かだよ。

孤注 一掷 吧。
Gūzhù yízhì ba.

😊 表現　孤注 一掷 gūzhù yízhì＝「危急のときにすべての力で勝負を決しようとする」という故事成語

☐ 我を忘れたよ。

走火 入魔 了。
Zǒuhuǒ rùmó le.

💡 プラスα　走火入魔 zǒuhuǒ rùmó＝「他のものが目に入らなくなるほど熱中する」という故事成語

☐ 全部すっちゃった。

我 都 赔光 了。
Wǒ dōu péiguāng le.

😊 表現　赔光 péiguāng＝支払う、空っぽの状態になる

☐ もうこれが最後の1枚。

这个 已经 是 最后 一张。

Zhège yǐjīng shì zuìhòu yìzhāng.

☐ オールイン。

赌 全部 的 钱。

Dǔ quánbù de qián.

😊 **表現** 直訳は「すべての金を賭ける。」

☐ いかさまだ！

骗人！

Piànrén!

😊 **表現** 骗人 piànrén＝人をだます

☐ もうここまでにしたら？

现在 就 收 了 吧。

Xiànzài jiù shōu le ba.

😊 **表現** 「今、もう終わりにしよう」の意味。

☐ ぜったい、取り返す！

我 一定 收回 资金！

Wǒ yídìng shōuhuí zījīn!

☐ すっからかんです。

输 得 精光 了。

Shū de jīngguāng le.

😊 **表現** 输 shū＝負ける。精光 jīngguāng＝なにも残っていない

☐ ギャンブル依存症かもしれない。

可能 是 赌博 成瘾。

Kěnéng shì dǔbó chéngyǐn.

😊 **表現** 赌博 dǔbó＝ギャンブル。成瘾 chéngyǐn＝依存症

CHAPTER 7

恋愛・人生

THEME 32 恋愛・結婚

出会い Disc 2 -39

☐ 感じのいい人だね。

给 人 以 好 印象 的 人。

Gěi rén yǐ hǎo yìnxiàng de rén.

🙂 表現　好 印象 的 人 hǎo yìnxiàng de rén＝感じのいい人

☐ また会いたいな。

我 想 再 和 你 见面。

Wǒ xiǎng zài hé nǐ jiànmiàn.

☐ 好きになっちゃいそう。

感觉 要 喜欢上 你 了。

Gǎnjué yào xǐhuanshàng nǐ le.

🙂 表現　喜欢 xǐhuan（好きだ）に上 shàngを加えると、「好きになる」という意味になる。

☐ 連絡先を教えてください。

请 告诉 我 你 的 联络 方式。

Qǐng gàosu wǒ nǐ de liánluò fāngshì.

💡 プラスα　你 什么 时候 有 空? Nǐ shénme shíhou yǒu kòng?（いつが空いてる?）
空 kòng＝空いている時間

☐ 歳の差は気にしない。

我 不介意 年龄 之 差。

Wǒ bújièyì niánlíng zhī chā.

🙂 表現　介意 jièyì＝気にする

☐ この後2人で抜けない?

等 一会儿 我们 两个 人 出去，好吗?

Děng yíhuìr wǒmen liǎngge rén chūqù, hǎoma?

🙂 表現　「少し待ったら私たち2人で出ていくのはどう?」の意味。

☐ 次は2人で会おうよ。

下次，我们 两个 人 再 见面 吧。
Xiàcì, wǒmen liǎngge rén zài jiànmiàn ba.

☐ 彼氏いる?

有 没有 男朋友?
Yǒu méiyǒu nánpéngyou?

💡 プラスα 男朋友 nánpéngyou＝彼氏。女朋友 nǚpéngyou＝彼女

☐ 結婚してるでしょ?

你 已经 结婚 了 吧?
Nǐ yǐjīng jiéhūn le ba?

片思い

  Disc 2 -40

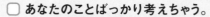

☐ あなたのことばっかり考えちゃう。

我 总是 想 着 你。
Wǒ zǒngshì xiǎng zhe nǐ.

😊 表現 总是 zǒngshì＝いつも、絶えず

☐ あなたのことが頭から離れない。

我 无法 停止 想 你。
Wǒ wúfǎ tíngzhǐ xiǎng nǐ.

✍ 文法 无法〜 wúfǎ〜＝〜の方法がない

☐ すごくタイプ。

正是 我 喜欢 的 类型。
Zhèngshì wǒ xǐhuan de lèixíng.

😊 表現 直訳は「まさに私が好きなタイプ。」

☐ 胸がドキドキする。

我 心里 七上八下 的。
Wǒ xīnli qīshàngbāxià de.

😊 表現　七上八下 qīshàngbāxià＝心が乱れる様子

☐ キュンキュンした。

我 心头 小鹿 乱撞。
Wǒ xīntóu xiǎolù luànzhuàng.

☐ 遊ばれてるんじゃないか心配。

担心 我 是 不是 被 玩弄 的。
Dānxīn wǒ shì bushì bèi wánnòng de.

☐ 恥ずかしくて目が合わせられない。

我 很 不好 意思，不能 注视 你。
Wǒ hěn bùhǎo yìsi, bùnéng zhùshì nǐ.

💡 プラスα　不好 意思 bùhǎo yìsiにはいろいろな意味があるが、ここでは「きまりが悪い」の意味。他に「申し訳ない」という軽い謝罪の意味もある。

☐ 彼、イケメンだよね。

他，帅哥 哟。
Tā, shuàigē yo.

☐ モテモテだね。

是 很 吃香 的。
Shì hěn chīxiāng de.

😊 表現　吃香 chīxiāng＝モテる

☐ いまは仕事で頭がいっぱいで……。

现在 我 每天 满脑子 都 是 工作 之 事。
Xiànzài wǒ měitiān mǎnnǎozi dōu shì gōngzuò zhī shì.

😊 表現　满脑子 mǎnnǎozi＝頭の中のすべて

☐ ずっと前から好きでした。

从 很 久 以前 就 开始 喜欢 你 了。
Cóng hěn jiǔ yǐqián jiù kāishǐ xǐhuan nǐ le.

☐ 付き合ってください。

请 和 我 交往。
Qǐng hé wǒ jiāowǎng.

😊 表現　交往 jiāowǎng＝付き合う、交際する

☐ 結婚を前提に。

以 结婚 为 条件。
Yǐ jiéhūn wéi tiáojiàn.

☐ まずはお友だちから。

先 做 普通 朋友 试试 吧。
Xiān zuò pǔtōng péngyou shìshi ba.

告白

☐ ねえ、私のことどう思ってる?

喂, 你 对 我 有 什么 看法?
Wèi, nǐ duì wǒ yǒu shénme kànfǎ?

☐ 私も好きです。

我 也 喜欢 你。
Wǒ yě xǐhuan nǐ.

☐ 恋愛に国境はない！

爱情 不 分 国界！
Àiqíng bu fēn guójiè!

☐ ちょっと今は考えられない。

我 暂时 不想 和 任何 人 交往。
Wǒ zànshí bùxiǎng hé rènhé rén jiāowǎng.

😊 表現　直訳は「しばらくはどんな人とも付き合いたくない。」

☐ 彼女になりたい。

我 想 成为 你 的 女朋友。
Wǒ xiǎng chéngwéi nǐ de nǚpéngyou.

☐ 好きな人がいるんだ。

我 有 喜欢 的 人。
Wǒ yǒu xǐhuan de rén.

けんか
Disc 2 -42

☐ あなたのそういうところが無理！

真 讨厌 你 那样 的 地方！
Zhēn tǎoyàn nǐ nàyang de dìfang!

☐ いつもそうやってごまかす。

你 总是 那样 稀里 糊涂 的。
Nǐ zǒngshì nàyang xīli hútu de.

😊 表現　稀里 糊涂 xīli hútu＝はっきりしない、曖昧である

☐ なんでわかってくれないの？

为什么 你 不能 理解 我?
Wèishénme nǐ bùnéng lǐjiě wǒ?

☐ 話しかけないで。

不要 跟 我 搭话。
Búyào gēn wǒ dāhuà.

😊 表現 搭话 dāhuà＝話しかける

☐ ばか！

笨蛋！
Bèndàn!

☐ ムカつく。

真 来气。
Zhēn láiqì.

💡 プラスα 气 qì は怒りを表す場合に使われることが多い。
气 死 我 了! Qì sǐ wǒ le!（腹が立つったらありゃしない！）

☐ ごめん、言いすぎた。

对不起，我 说 得 太 过分 了。
Duìbuqǐ, wǒ shuō de tài guòfèn le.

😊 表現 过分 guòfèn＝度をすぎる

☐ 私が悪かった。

是 我 不好，真 对不起。
Shì wǒ bùhǎo, zhēn duìbùqǐ.

☐ 元カノと連絡取らないでよ！

别 和 前女友 联络 哟！
Bié hé qiánnǚyǒu liánluò yo!

💡 プラスα 前女友 qiánnǚyǒu＝元カノ。前男友 qiánnányǒu＝元カレ

莉莉

☐ もう！遅いじゃない。

真 不像 话！你 来 得 太晚 了。

Zhēn búxiàng huà! Nǐ lái dé tàiwǎn le.

小龍

☐ ごめん、電車が遅れて。

很 抱歉，电车 延迟 了。

Hěn bàoqiàn, diànchē yánchí le.

莉莉

☐ レストランの予約に遅れちゃう！

赶 不上 餐厅 的 预约 时间！

Gǎn bushàng cāntīng de yùyuē shíjiān!

小龍

☐ 僕が電話しておくよ。

我 给 他们 打 电话 说明 一下。

Wǒ gěi tāmen dǎ diànhuà shuōmíng yíxià.

莉莉

☐ そういう問題じゃない！

不是 这个 问题。

Búshì zhège wèntí.

Disc 2 -44

☐ もう終わりにしよう。

我们 结束 吧。

Wǒmen jiéshù ba.

😊 **表現** 结束 jiéshù＝終わる、終了する

☐ 他に好きな人ができたの。

我 有 了 另 一个 喜欢 的 人。

Wǒ yǒu le lìng yíge xǐhuan de rén.

😊 **表現** 另 lìng＝別の、もうひとつの

☐ 2年間本当にありがとう。

这 两年 真 谢谢 你。

Zhè liǎngnián zhēn xièxie nǐ.

☐ 幸せになってね。

愿 你 幸福。

Yuàn nǐ xìngfú.

☐ 私より絶対にいい人がいる。

一定 还 有 更 适合 你 的 人。

Yídìng hái yǒu gèng shìhé nǐ de rén.

☐ 遠距離が辛かった。

异地恋 太 辛苦 了。

Yìdìliàn tài xīnkǔ le.

なりきりミニ会話⑤／別れ

233

□ 嫌いになった。

我 变得 讨厌 你 了。

Wǒ biànde tǎoyàn nǐ le.

□ もう好きじゃなくなった。

已经 不喜欢 了。

Yǐjīng bùxǐhuan le.

□ 連絡先、消去したよ。

联系 方式 已经 删 了。

Liánxì fāngshì yǐjīng shān le.

□ 合鍵返すね。

我 还 给 你 备用 钥匙。

Wǒ huán gěi nǐ bèiyòng yàoshi.

😊 表現　钥匙 yàoshi＝鍵

メイク・ラブ

 -45

□ 今日泊まっていかない?

今天 住 我 的 房间，怎么样?

Jīntiān zhù wǒ de fángjiān, zěnmeyàng?

□ 初めてだから、優しくしてね。

这 是 第一次，轻 一点。

Zhè shì dìyīcì, qīng yìdiǎn。

☐ 避妊はして！

避孕！

Bìyùn!

😊 **表現** 避孕 bìyùn＝避妊する

☐ 電気消して。

把 电灯 关掉。

Bǎ diàndēng guāndiào.

💡 **プラスα** 关 guān＝消す。开 kāi＝電気をつける

☐ 生理中だから無理。

大姨妈 来 了，我 今天 不方便。

Dàyímā lái le, wǒ jīntiān bùfāngbiàn.

💡 **プラスα** 大姨妈 dàyímā は本来は「おばさん」の意味だが、生理を表す俗語にもなっている。

☐ そこはいや！

那里 不行！

Nàli bùxíng!

💡 **プラスα** 痛！Tòng!（痛い！）

☐ 触らないで！

别 触摸！

Bié chùmō!

😊 **表現** 触摸 chùmō＝触る

☐ すごくよかった。

特别 开心。

Tèbié kāixīn.

☐ 今日はだめな日なの。

今天 不行。

Jīntiān bùxíng.

メイク・ラブ

人生のイベント

結婚

☐ 結婚してください。

你 愿意 做 我 的 妻子 吗?
Nǐ yuànyì zuò wǒ de qīzi ma?

😊 **表現** 直訳は「私の奥さんになってくれますか?」

☐ 一生一緒にいよう。

一生 一世 在 一起。
Yìshēng yíshì zài yīqǐ.

😊 **表現** 一生 一世 yìshēng yíshì＝生涯。一起 yìqǐ＝一緒に

☐ ご両親にあいさつに行こう。

去 见见 你 父母 吧。
Qù jiànjian nǐ fùmǔ ba.

☐ 婚姻届を出した。

已经 提出 了 婚姻 申请。
Yǐjīng tíchū le hūnyīn shēnqǐng.

😊 **表現** 婚姻 申请 hūnyīn shēnqǐng＝婚姻届

☐ 末永くお幸せに。

祝 你们 永远 幸福。
Zhù nǐmen yǒngyuǎn xìngfú.

☐ ご祝儀いくら包めばいいかな?

红包 应该 准备 多少 钱?
Hóngbāo yīnggāi zhǔnbèi duōshao qián?

😊 **表現** 红包 hóngbāo＝祝儀

☐ もう別れよう！

我们 分手 吧！
Wǒmen fēnshǒu ba!

> 😊 **表現** 分手 fēnshǒu＝別れる

☐ 親権は私が持つ。

我 要 监护权。
Wǒ yào jiānhùquán.

☐ 浮気にもう耐えられない。

我 已经 受不了 你 的 出轨 了。
Wǒ yǐjīng shòubùliǎo nǐ de chūguǐ le.

> 😊 **表現** 出轨 chūguǐは「脱線する」という意味だが、「浮気をする」という意味にも使われている。

☐ 離婚届にサインして。

在 离婚 申请书 上 签字 吧。
Zài líhūn shēnqǐngshū shàng qiānzì ba.

> 😊 **表現** 离婚 申请书 líhūn shēnqǐngshū＝離婚届。签字 qiānzì＝サインする

☐ お金のことはきっちりしよう。

钱 的 事 全部 解决 了 吧。
Qián de shì quánbù jiějué le ba.

☐ 養育費のことを話し合おう。

我们 商量商量 抚养费 吧。
Wǒmen shāngliangshāngliang fǔyǎngfèi ba.

結婚／離婚

☐ 今、3か月。

我 现在 怀孕 三个月 了。
Wǒ xiànzài huáiyùn sāngeyuè le.

☺ 表現　怀孕 huáiyùn＝妊娠する

☐ 安定期に入りました。

到 稳定期 了。
Dào wěndìngqī le.

☺ 表現　直訳は「安定した妊娠状態に達した。」

☐ 帝王切開になりそう。

看 样子 要 剖腹产 了。
Kàn yàngzi yào pōufùchǎn le.

☺ 表現　剖腹产 pōufùchǎn＝帝王切開

☐ 性別はまだ教えられません。

还 不能 告诉 你 性别。
Hái bùnéng gàosu nǐ xìngbié.

☐ 元気な男の赤ちゃんですよ！

是 健康 的 男婴！
Shì jiànkāng de nányīng!

💡 プラスα　是 可爱 的 女婴。Shì kě'ài de nǚyīng. (かわいい女の子です。)

☐ 母子ともに健康です。

母子 都 健康。
Mǔzǐ dōu jiànkāng.

☐ メリークリスマス！

祝 你 圣诞节 快乐！
Zhù nǐ　shèngdànjié kuàilè!

☐ 北京大学に合格するなんてすごい！

考上　北京 大学，很 厉害！
Kǎoshàng Běijīng dàxué,　hěn lìhai!

☐ あけましておめでとう！

祝 你 新年 快乐！
Zhù nǐ　xīnnián kuàilè!

😊 表現　新年を祝う定番のフレーズ。

☐ 爆竹を鳴らそう！

放 鞭炮 吧！
Fàng biānpào ba!

⭐カルチャー　放 鞭炮 fàng biānpào＝爆竹を鳴らす。最近は禁止されているところが多い。

☐ 100年一緒に！

百年 好合！
Bǎinián hǎohé!

⭐カルチャー　結婚式の定番フレーズ。

☐ 金婚式です。

是 金婚 仪式。
Shì jīnhūn　yíshì.

⭐カルチャー　中国でも結婚50周年で金婚を祝う。

妊娠・出産／お祝い

239

結婚式&贈りもの

中国の結婚式や贈りもの事情はどのようなものか、ちょっとおもしろい部分や日本と違う部分を紹介してみましょう。

関門突破ゲーム

闯关游戏 chuǎngguān yóuxì

新郎は付き添いの友人と一緒に、新婦を実家に迎えに行きます。新婦はドレスをまとい、親戚や友人に囲まれて新郎を待ちます。「愛する新婦をどれだけ知っているか」をテストするため、花嫁の介添人たちは新郎にいくつか質問をぶつけます。このゲームをクリアすると、新郎はやっと新婦の実家に入れてもらえるのです。

ウェディングカー

婚车 hūnchē

新婦を迎えに行くときは、いろいろな飾りを施した豪華な車に乗ります。ゲームをクリアした新郎は、新婦を抱っこして、家から車まで運ばなければなりません。新婦は足を地面につけてはならない風習があるのです。そして新郎はハイヒールを履かせ、一行は式場へと向かいます。

結婚式

婚礼 hūnlǐ

日本のように、式と披露宴には分かれていません。家族や友人との盛大なパーティーのようなものです。参加者のテーブルも新郎側と新婦側で席が分かれてはいますが、厳密なルールは決まっていません。新郎新婦がテーブルを回り、白酒で乾杯していきます。新婦はお色直しをし、色の違うチャイナドレスや華やかなドレスを披露します。参加者の服装は基本的に自由で、フォーマルでもカジュアルでも問題ありません。ただし、白いネクタイは絶対にやめましょう。ウエディングドレスは別ですが、白と

黒はお葬式を連想させてしまいます。

　パーティー終了といった合図も特になく、食事をして新郎新婦とあいさつをしたあとは、各自帰ってもいいことになっています。二次会のようなものもありません。

　さて結婚式から離れて、中国の人にプレゼントをするときのことについて触れておきましょう。友人の家に子どもが生まれ、私がプレゼントをしたときのことです。その場で「ありがとう」くらいは言われましたが、反応はそれだけだったのです。あとは、「ああ、そこに置いておいて」のようなことを言われた覚えがあります。でもそれは感謝していないわけではありません。中国の人は、贈りものに対して「欲しい」という態度、すなわち貪欲さを見せたくない傾向があるようです。

　また、個人的にプレゼントをする場合ですが、たとえば劉さんにプレゼントをするとしましょう。そこに陳さんも同席していたとしたら、陳さんに対してもなにか差し上げましょう。簡単なものでかまいません。目の前で「もらえない人がいる」というのをとても嫌がるということも覚えておいてください。ですから中国人も日本に来る場合、スペアのお土産をたくさん持ってきます。

☐ 就職おめでとう!

恭喜 你 找到 好 工作!
Gōngxǐ nǐ zhǎodào hǎo gōngzuò!

☐ 就活が大変だった。

找 工作 很 不容易 的。
Zhǎo gōngzuò hěn bùróngyì de.

☐ 内定がない。

我 还 没有 拿到 "内定"。
Wǒ hái méiyǒu nádào "nèidìng".

💡 **プラスα** 已经 拿到 了 内定 的 约定。Yǐjīng nádào le nèidìng de yuēdìng.（内々定を
もらった。）

☐ この度はご愁傷様です。

这 真 令 人 悲伤。
Zhè zhēn lìng rén bēishāng.

💡 **プラスα** 令 A〜 lìng A〜＝Aに〜させる
这件 事 令 我 深思。Zhèjiàn shì lìng wǒ shēnsī.（このことで私は深く考えさせら
れた。）

☐ 故人も喜んでいると思います。

我 想 逝者 也 会 感谢 大家 的。
Wǒ xiǎng shìzhě yě huì gǎnxiè dàjiā de.

💡 **プラスα** 中国では故人 gùrénと書くと「古い友人」という意味になる。

CHAPTER **8**

歴史・慣用表現

THEME 34 歴史

中国の歴史

☐ 中国は4000年の歴史を持つ。

中国 拥有 4000年 的 历史。

Zhōngguó yōngyǒu sìqiān nián de lìshǐ.

😊 表現 拥有 yōngyǒu＝抱えて持つ

☐ 孔子は儒教の祖です。

孔子 就是 儒教 的 创始人。

Kǒngzǐ jiùshi Rújiào de chuàngshǐrén.

⭐カルチャー 孔子(前551頃〜前479)は、『論語』で有名な儒教の祖。

☐ 秦の始皇帝を知っている?

你 知道 秦 始皇 吗?

Nǐ zhīdào Qín Shǐhuáng ma?

😊 表現 秦 始皇 Qín Shǐhuáng＝秦の始皇帝

☐ 最初に中国を統一した人だよね。

是 最 早 统一 中国 的 人物 吧。

Shì zuì zǎo tǒngyī Zhōngguó de rénwù ba.

⭐カルチャー 秦の始皇帝(前259〜前210)は、中国史上、初めて天下を統一した。

☐ 項羽と虞美人の話が切ない。

项 羽 和 虞 美人 的 故事 很 悲伤。

Xiàng Yǔ hé Yú měirén de gùshi hěn bēishāng.

⭐カルチャー 項羽(前232〜前202)は前漢の初代皇帝・劉邦と覇権争いをした楚の武将。

☐ 有名な歴史家に司馬遷がいます。

司马 迁 是 有名 的 历史学家 之 一。

Sīmǎ Qiān shì yǒumíng de lìshǐxuéjiā zhī yī.

⭐カルチャー 司马 Sīmǎは中国では珍しい二文字の苗字。司馬遷(前145頃〜前86頃)は、歴史書『史記』を編纂した。

☐ 三国志は日本でも人気があります。

三国志 在 日本 也 很 受 欢迎。
Sānguózhì zài Rìběn yě hěn shòu huānyíng.

☐ 曹操が悪役でしょ?

曹 操 就是 反派 角色 吧?
Cáo Cāo jiùshi fǎnpài juésè ba?

😊 **表現** 反派 角色 fǎnpài juésè＝悪役

☐ 科挙は現代の公務員試験。

科挙 制度 相当 于 现代 的 公务员 考试。
Kējǔ zhìdù xiāngdāng yú xiàndài de gōngwùyuán kǎoshi.

⭐ **カルチャー** 科挙は隋から清の時代(598〜1905)まで、約1300年も行われてきた官僚登用試験。

☐ 楊貴妃は絶世の美女でした。

杨 贵妃 是 绝代 美人。
Yáng Guìfēi shì juédài měirén.

⭐ **カルチャー** 楊貴妃は唐の玄宗皇帝の妃(719〜756)。古代中国四大美人のひとり。玄宗皇帝が寵愛しすぎたために安史の乱が起きたとも伝えられ、「傾国の美女」ともいわれる。

☐ 則天武后は中国唯一の女帝です。

武 则天 是 中国 历史 上 唯一 的 女 皇帝。
Wǔ Zétiān shì Zhōngguó lìshǐ shàng wéiyī de nǚ huángdì.

😊 **表現** 武 则天 Wǔ Zétiān＝則天武后

中国の歴史

☐ 清は満州族の征服王朝です。

清朝 是 满族 征服 的 王朝。
Qīngcháo shì Mǎnzú zhēngfú de wángcháo.

☐ 1894年に日本と戦争をしています。

1894年 中国 和 日本 开战。
Yībājiǔsì nián Zhōngguó hé Rìběn kāizhàn.

💡 **プラスα** 甲午战争 Jiǎwǔ zhànzhēng＝日清戦争。日清戦争は1894〜1895年にかけて起こった、日本と清との間の戦争。

中国の歴史マップ

モンゴル人が中国を支配した時代もあります。

也 有 蒙古人 也 有过 统治 中国　的 时代。
Yě　yǒu Měnggǔrén yě　yǒuguò tǒngzhì Zhōngguó de　shídài.

シルクロードは東西を結ぶ道です。

丝绸之路 连接 东方　和 西方。
Sīchóuzhīlù　liánjiē dōngfāng hé　xīfāng.

丝绸之路 Sīchóuzhīlù＝シルクロード

中国最古の王朝は「夏」。

中国　最早 的 王朝　就是 "夏"。
Zhōngguó zuìzǎo de　wángcháo jiùshì "Xià".

1949年に中華人民共和国が建国しました。

1949年　中华人民共和国　　成立了。
Yījiǔsìjiǔ nián Zhōnghuá rénmín gònghéguó chénglìle.

孫文が辛亥革命を
指導しました。

孙 中山　指导 了
Sūn Zhōngshān zhǐdǎo le

辛亥 革命。
Xīn-Hài gémìng.

清は276年も続きました。
清朝　持续　了
Qīngcháo chíxù le
276年。
èrbǎiqīshíliù nián.

黄河文明は四大文明のひとつです。
黄河　文明　是 世界 四大文明 之 一。
Huánghé wénmíng shì shìjiè sìdàwénmíng zhī yì.

黄河流域で栄えた中国の古代文明。メソポタミア文明、エジプト文明、インダス文明と共に4つの大文明が世界で起こったという説がある。

日本は唐に使節を派遣していました。
以前，日本 向　唐朝　派遣 使节团。
Yǐqián, Rìběn xiàng Tángcháo pàiqiǎn shǐjiétuán.

遣唐使 qiǎntángshǐ＝遣唐使

長安と洛陽は漢の都でした。
古 时候，长安　和 洛阳 是 汉朝 的 首都。
Gǔ shíhou, Cháng'ān hé Luòyáng shì Hàncháo de shǒudū.

长安 Cháng'ānは今の陝西省の古都、西安。洛阳 Luòyángは河南省西部にある都市。

赤壁の戦いが有名です。
赤壁之战 的 故事 很 有名。
Chìbìzhīzhàn de gùshi hěn yǒumíng.

後漢末の208年、長江の赤壁(現在の湖北省咸寧市)で起こった曹操軍と孫権・劉備軍の間の戦い。三国志の中で最も有名な戦い。

☐ 西太后が実権を握っていました。

那时，慈禧太后 掌握 着 实权。

Nàshí, Cíxǐ Tàihòu zhǎngwò zhe shíquán.

😊 表現 慈禧太后 Cíxǐ Tàihòu＝西太后

☐ 最後の皇帝は溥儀です。

末代 皇帝 是 爱新觉罗 溥仪。

Mòdài huángdì shì ÀixīnJuéLuó PǔYí.

⭐カルチャー 愛新覚羅溥儀(1906〜1967)は清朝最後の皇帝。わずか2歳10か月で皇帝に即位した。

☐ 『ラストエンペラー』という映画にもなりました。

电影 《末代皇帝》 也 很 有名。

Diànyǐng《Mòdài huángdì》 yě hěn yǒumíng.

⭐カルチャー ベルトルッチ監督の歴史映画。溥儀の生涯を描き、第60回アカデミー作品賞を受賞。坂本龍一が音楽を担当した。

☐ 清は276年も続きました。

清朝 持续 了 276年。

Qīngcháo chíxù le èrbǎiqīshíliù nián.

☐ 清の時代の髪型は弁髪でした。

清朝 的 发型 是 辫子。

Qīngcháo de fàxíng shì biànzi.

⭐カルチャー 辫子 biànzi＝弁髪。頭髪を一部を残してそり、残りの毛髪を伸ばして三つ編みにしてたらす、東アジアに多い男性の髪型。清朝は漢民族にこれを強制した。

☐ 初代の国家主席は毛沢東です。

第一代 国家 主席 是 毛 泽东。

Dìyīdài guójiā zhǔxí shì Máo Zédōng.

☐ 中国は国際連合の常任理事国です。

中国 是 联合国 的 常任 理事国。

Zhōngguó shì liánhéguó de chángrèn lǐshìguó.

☐ 1966年から文化大革命が行われた。

1966年　发动了 文化大革命。
Yījiǔliùliù nián fādòng le　Wénhuà dàgémìng.

⭐カルチャー 1966〜1976年まで続いた、文化改革運動。実態は党内部の権力闘争といわれる。毛沢東の死去によって終息。結果的に中国の人々や伝統文化に甚大な被害をもたらした。

☐ 日中国交が回復したのは1972年です。

1972年 恢复 中日　邦交。
Yījiǔqīèr nián huīfù　Zhōng-Rì bāngjiāo.

😊表現 中日 邦交 Zhōng-Rì bāngjiāo＝日中国交

☐ そのとき、パンダが日本に贈られました。

那时，中国　给 日本 赠送　了 熊猫。
Nàshí,　Zhōngguó gěi　Rìběn　zèngsòng le　xióngmāo.

😊表現 熊猫 xióngmāo＝パンダ

☐ 日本でパンダフィーバーが起きました。

那时 在 日本 发生　了 熊猫热。
Nàshí zài rìběn　fāshēng le　xióngmāorè.

⭐カルチャー 1972年の日中国交正常化を記念して、中国からランラン(蘭蘭)とカンカン(康康)という名前の2頭のジャイアントパンダが贈られた。上野動物園で一般公開され、日本にパンダフィーバーが起こった。

☐ 香港がイギリスから返還されました。

英国 把 香港　归还 给 中国　了。
Yīngguó bǎ　Xiānggǎng guīhuán gěi　Zhōngguó le.

⭐カルチャー 香港は1997年7月1日にイギリスから中国に返還された。

☐ 北京で夏のオリンピックが開催されました。

在 北京 举行 了 夏季 奥运会 。
Zài Běijīng jǔxíng le　xiàjì　Àoyùnhuì.

☐ 冬のオリンピックも開催されます。

也 将 举办 冬奥会。
Yě jiāng jǔbàn　DōngÀohuì.

⭐カルチャー 2022年2月に北京で冬季オリンピックが開催。

中国の歴史

ことわざ・故事成語 Disc 2 -53

☐ 薮をつついて蛇を出す

打草 惊蛇
dǎcǎo　jīngshé

😊 表現　直訳は「草をたたいてヘビを驚かす」

☐ さわらぬ神にたたりなし

多 一事 不如 少 一事
duō yíshì　bùrú　shǎo yíshì

😊 表現　直訳は「余計なことをするのは控えめにするよりも劣る」

☐ 寝耳に水

晴天 霹雳
qíngtiān pīlì

😊 表現　直訳は「青天の霹靂」。青く晴れ渡った空に雷鳴が起こること。

☐ 三日坊主

三天 打鱼,两天 晒网
sāntiān dǎyú,　liǎngtiān shàiwǎng

😊 表現　直訳は「三日出漁すれば、二日網を干す」

☐ 噂をすれば影がさす

说 曹操,曹操 就到
shuō CáoCāo, CáoCāo jiùdào

😊 表現　直訳は「曹操の話をしたら曹操が来た」

☐ 目の上のたんこぶ

眼中钉
yǎnzhōngdīng

😊 表現　直訳は「眼の中の釘」

☐ 盗人猛々しい

贼喊 捉贼
zéihǎn　zhuōzéi

😊 表現　直訳は「泥棒が他人を泥棒呼ばわりする」

☐ 高嶺の花

癞蛤蟆 想吃 天鹅肉
làiháma　　xiǎngchī tiānéròu

😊 表現　直訳は「ヒキガエルが白鳥の肉を食べたがる」

☐ 鉄は熱いうちに打て

趁热 打铁
chènrè　dǎtiě

☐ 焼け石に水

杯水 车薪
bēishuǐ chēxīn

😊 表現　直訳は「さかずき1杯の水で車に積んだ薪が燃えるのを消そうとする」

☐ 病は気から

病 打心 上起
bìng dǎxīn　shàngqǐ

☐ 背水の陣

背水 一战
bèishuǐ yízhàn

☐ 馬の耳に念仏

对牛 弹琴
duìniú tánqín

😊 表現　直訳は「牛に向かって琴を弾く」

☐ 後悔先に立たず

后悔 莫及

hòuhuǐ mòjí

☐ 踏んだり蹴ったり

祸不单行

huòbùdānxíng

😊 表現　直訳は「禍は単独では起こらない」

☐ 火に油をそそぐ

火上 浇油

huǒshàng jiāoyóu

☐ 能ある鷹は爪を隠す

真人 不露相

zhēnrén bùlòuxiàng

😊 表現　直訳は「奥義を極めた人は姿を現さない」

☐ 月とスッポン

天壤 之 别

tiānrǎng zhī bié

😊 表現　直訳は「天と地の差」

☐ 五里霧中

五里 雾中

wǔlǐ wùzhōng

☐ 虎の威を借る狐

狐假 虎威

hújiǎ hǔwēi

☐ 井の中の蛙大海を知らず

井底 之 蛙
jǐngdǐ　zhī　wā

☐ 三顧の礼

三顾 茅庐
sāngù　máolú

😊 表現　直訳は「茅屋に三たびも足を運び礼をつくして招聘した」

☐ 四面楚歌

四面 楚歌
sìmiàn　chǔgē

☐ 温故知新

温故 知新
wēngù　zhīxīn

☐ 漁夫の利

鹬蚌 相争，　渔翁 得利
yùbàng xiāngzhēng,　yúwēng déilì

☐ 臥薪嘗胆

卧薪 尝胆
wòxīn　chángdǎn

☐ 虎穴に入らずんば虎子を得ず

不入 虎穴，焉得 虎子
búrù　hǔxuè,　yān dé　hǔzǐ

干支

中国語ではイノシシではなくブタ。

いぬ
戌 **狗**
gǒu

い
亥 **猪**
zhū

とり
酉 **鸡**
jī

私は □

我 属
Wǒ shǔ

サルは"猴子"だが、ここでは"猴"だけを使う。

さる
申 **猴**
hóu

ひつじ
未 **羊**
yáng

うま
午 **马**
mǎ

ネズミは"老鼠"だが、ここでは"鼠"だけを使う。"属"と"鼠"は発音が同じなので注意。

子（ね）
鼠
shǔ

丑（うし）
牛
niú

トラは"老虎"だが、ここでは"虎"だけを使う。

寅（とら）
虎
hǔ

どし
年です。

☐　。

ウサギは"兎子"だが、ここでは"兎"だけを使う。

卯（う）
兎
tù

巳（み）
蛇
shé

辰（たつ）
龙
lóng

○ 禍福は糾える縄の如し

塞翁 失马，焉 知非福

sàiwēng shīmǎ, yān zhī fēifú

☺ 表現 　直訳は「人間万事塞翁が馬」

○ 朱に交われば赤くなる

近朱者 赤，近墨者 黑

jìnzhūzhě chì, jìnmòzhě hēi

☺ 表現 　直訳は「朱に近づけば赤くなり、墨に近づけば黒くなる」

○ 画竜点睛を欠く

画龙 点睛

huàlóng diǎnjīng

○ 蛇足

画蛇 添足

huàshé tiānzú

○ 馬脚をあらわす

露出 馬脚

lòuchū mǎjiǎo

○ 百聞は一見にしかず

百闻 不如 一见

bǎiwén bùrú yíjiàn

○ 人事を尽くして天命を待つ

尽 人事 听 天命

jìn rénshì tīng tiānmìng

CHAPTER 9

社会・自然

THEME 36 日時・天気

スケジュール

Disc 2 -54

☐ 夏休みはいつからいつまで?

从 什么 时候 到 什么 时候 放 暑假?

Cóng shénme shíhou dào shénme shíhou fàng shǔjià?

😊 **表現** 暑假 shǔjià＝夏休み。動詞は放 fàngを使う。

☐ 来週どこか空いてる?

下周 有 空 吗?

Xiàzhōu yǒu kòng ma?

😊 **表現** 空 kòng＝空いている時間

☐ 来月北川さんの歓迎会をしましょう。

下个 月 开 北川 先生 的 欢迎会 吧。

Xiàge yuè kāi Běichuān xiānsheng de huānyínghuì ba.

☐ 週末だとありがたいな。

周末 开 的 话，比较 方便。

Zhōumò kāi de huà, bǐjiào fāngbiàn.

☐ お正月はどう過ごすの?

你 打算 过年 做 什么?

Nǐ dǎsuan guònián zuò shénme?

⭐**カルチャー** 打算～ dǎsuan～＝～するつもりである。过年 guònián＝年を越す
中国では春节 Chūnjié (旧正月)のほうを盛大に祝う。旧正月の時期は1月下旬から2月中旬くらいで、年によって大きく変わる。

☐ 私は日本の実家に帰ろうかな。

我 考虑 回到 日本 的 父母家。

Wǒ kǎolǜ huídào Rìběn de fùmǔjiā.

😊 **表現** 父母家 fùmǔjiā＝実家

○ 明日はデート！楽しみだ！

我 特别 期待 明天 的 约会！

Wǒ tèbié qīdài míngtiān de yuēhuì!

😊 **表現**　约会 yuēhuì＝デート

○ 誕生日はいつですか?

你 的 生日 几月 几号?

Nǐ de shēngri jǐyuè jǐhào?

🎵 **発音**　生日 shēngri＝誕生日。日 ri の部分は軽声で発音する。

○ 1999年5月28日です。

是 1999年　5月 28号。

Shì yījiǔjiǔjiǔ nián wǔyuè èrshíbāhào.

○ 明日5時に起きなきゃ！

明天　必须 5点 起床！

Míngtiān bìxū wǔdiǎn qǐchuáng!

○ 7時12分発は満席だよ。

7点 12分 发车 的 是 满员　电车。

Qīdiǎn shíèrfēn fāchē de shì mǎnyuán diànchē.

○ 夜11時までには帰ってきて！

晚上　11点 之 前 回来！

Wǎnshang shíyīdiǎn zhī qián huílái!

スケジュール／日時

○ カラッと晴れたね！

天气 突然 转 晴 了！

Tiānqì tūrán zhuǎn qíng le!

○ ジメジメしてていやになっちゃう。

空气 湿 漉漉 的，很 讨厌。

Kōngqì shī lùlu de, hěn tǎoyàn.

☺ 表現　湿 漉漉 shī lùlu＝湿ってジメジメしている

○ もうすぐ梅雨明けだね。

梅雨期 快要 过去 了。

Méiyǔqī kuàiyào guòqu le.

○ あ！ 雪が降ってきた！

啊！ 下雪 了！

Ā! Xiàxuě le!

○ 黄砂で目が痛い！

黄沙 伤害 眼睛，很 痛！

Huángshā shānghài yǎnjing, hěn tòng!

○ 台風が接近してるみたい。

好象 台风 正在 接近。

Hǎoxiàng táifēng zhèngzài jiējìn.

☐ 大雪で電車が止まったみたい。

好像 由于 大雪 的 影响, 电车 都 停 了。

Hǎoxiàng yóuyú dàxuě de yǐngxiǎng, diànchē dōu tíng le.

☐ 暑い！

太 热 了！

Tài rè le!

☐ 今日は一段と冷えるね。

今天 天气 越发 冷起来 了。

Jīntiān tiānqì yuèfā lěngqǐlái le.

😊 表現 　越发 yuèfā＝ますます、いっそう

☐ 湿気がすごい！

湿气 很 重 呢！

Shīqì hěn zhòng ne!

😊 表現 　湿気は「重い」で表現する。

☐ 乾燥で肌が荒れそう。

空气 很 干燥, 我 怕 皮肤 变 粗糙。

Kōngqì hěn gānzào, wǒ pà pífū biàn cūcāo.

😊 表現 　粗糙 cūcāo＝ザラザラしている

☐ 低気圧で頭が痛い。

低气压 引起 我 头痛。

Dīqìyā yǐnqǐ wǒ tóutòng.

天気／気温・湿度

なりきりミニ会話⑥

Disc 2 -58

□ こんにちは。高橋商事の野中です。

你好！我是高桥 商事 的 野中。
Nǐ hǎo! Wǒ shì Gāoqiáo shāngshì de Yězhōng.

ヒカル

□ お電話ありがとうございます。総務の趙です。

谢谢 你的 电话。我是 总务部 的 小赵。
Xièxie nǐ de diànhuà. Wǒ shì zǒngwùbù de xiǎoZhào.

リーリー
莉莉

□ 石田副部長はいらっしゃいますか?

石田 副部长 在 吗?
Shítián fùbùzhǎng zài ma?

ヒカル

□ 石田は外出しております。

石田 出去 了。
Shítián chūqu le.

リーリー
莉莉

□ お手数ですが折り返しをお願いします。

麻烦 您 让 他 给 我 回 电话。
Máfan nín ràng tā gěi wǒ huí diànhuà.

ヒカル

☐ もしもし。

喂。
Wéi.

☐ 今お時間よろしいですか?

您 现在 方便 吗?
Nín xiànzài fāngbiàn ma?

☐ 少々お待ちくださいませ。

请 稍 等 一下。
Qǐng shāo děng yíxià.

☐ 小田は席をはずしております。

小田 现在 不在。
Xiǎotián xiànzài búzài.

💡 プラスα　10分钟 后 回来。 Shífēnzhōng hòu huílái. (10分ほどで戻ります。)
正在 开会。 Zhèngzài kāihuì. (打ち合わせ中です。)

☐ お電話が少々遠いようです。

不好 意思, 我 听 不到 您 说 话 的 声音。
Bùhǎo yìsi, wǒ tīng budào nín shuō huà de shēngyīn.

😊 表現　直訳は「あなたの話す声がはっきり聞こえない。」

☐ お名前をお伺いしたいのですが?

请 问, 您 贵 姓?
Qǐng wèn, nín guì xìng?

💡 プラスα　您 贵 姓? nín guì xìngは丁寧な名前の尋ね方。普通に相手の名前を確認すると
きは你 叫 什么 名字? Nǐ jiào shénme míngzi? (あなたはなんという名前ですか?)
を使う。

☐ 伝言をお願いします。

请 您 转告 他 我 打过 电话。
Qǐng nín zhuǎngào tā wǒ dǎguo diànhuà.

😊 表現　转告 zhuǎngào＝伝言する

☐ 明日の会議についてのご連絡でした。

关于 明天 的 会议 的 联络。
Guānyú míngtiān de huìyì de liánluò.

☐ では後ほどかけなおします。

那，一会儿 再 打 电话。
Nà, yíhuìr zài dǎ diànhuà.

😊 表現　一会儿 yíhuìr＝少しの時間

☐ 後でメールします。

过 一会儿 我 发 邮件。
Guò yíhuìr wǒ fā yóujiàn.

☐ 折り返しご連絡差し上げます。

我 让 他 回来 就 给 您 打 电话。
Wǒ ràng tā huílái jiù gěi nín dǎ diànhuà.

💡 プラスα　我 转告 他 你 打过 电话。Wǒ zhuǎngào tā nǐ dǎguo diànhuà.（お電話があったことを伝えておきます。）

☐ 電波が悪いようです。

手机 信号 不好，听不到 你 的 声音。
Shǒujī xìnhào bùhǎo, tīngbudào nǐ de shēngyīn.

☐ 携帯のほうに連絡ください。

麻烦 你 打到 我 的 手机。
Máfan nǐ dǎdào wǒ de shǒujī.

😊 表現　手机 shǒujī＝携帯電話

☐ 電車降りたら連絡ちょうだい。

下 了 电车，请 联络 我。

Xià le diànchē, qǐng liánluò wǒ.

☐ 不在着信がある。

有 未接 来电。

Yǒu wèijiē láidiàn.

🙂 表現　未接 来电 wèijiē láidiàn＝不在着信

☐ 留守電を聞いてみよう。

试试 听 电话 留言 的 内容。

Shìshi tīng diànhuà liúyán de nèiróng.

🙂 表現　留言 电话 liúyán diànhuà＝留守番電話

☐ 着信履歴が50件！

一共 有 50个 未接 来电！

Yígòng yǒu wǔshíge wèijiē láidiàn!

☐ モーニングコールしてほしい。

请 早晨 叫醒 我。

Qǐng zǎochén jiàoxǐng wǒ.

🙂 表現　叫醒 jiàoxǐng＝起こす

☐ 声が聞きたくなった。

我 想 听 你 的 声音 了。

Wǒ xiǎng tīng nǐ de shēngyīn le.

プライベートの電話

THEME 38 通信

パソコン

Disc 2 -61

☐ 新しいノートパソコンを買った。

我 买 了 新 的 笔记本 电脑。
Wǒ mǎi le xīn de bǐjìběn diànnǎo.

> プラスα 笔记本 电脑 bǐjìběn diànnǎo＝ノートパソコン。デスクトップパソコンの場合は
> 台式 电脑 táishì diànnǎoというが、一般的には电脑 diànnǎoで通じる。

☐ スマホと同期した。

与 智能 手机 同步 了。
Yǔ zhìnéng shǒujī tóngbù le.

> 表現 智能 手机 zhìnéng shǒujī＝スマートフォン

☐ この書類をスキャンして。

请 扫描 这个 文件。
Qǐng sǎomiáo zhège wénjiàn.

> 表現 扫描 sǎomiáo＝スキャンする

☐ プリントを30部お願いします。

拜托 打印 30份。
Bàituō dǎyìn sānshífèn.

☐ 電源がつかない。

电源 打 不开。
Diànyuán dǎ bukāi.

> プラスα 電源も「電気をつける」と同じく、开 kāi（つける）と关 guān（消す）を使う。

☐ 強制シャットダウンされた！

强制 关机 了!
Qiángzhì guānjī le!

> プラスα 文件 还 没 保存 呢! Wénjiàn hái méi bǎocún ne!(まだ保存してないのに!)

メール

☐ メールしたよ！

已经 发 了 邮件 了！
Yǐjīng fā le yóujiàn le!

😊 表現　发 fā＝Fax、メールなどを送る。邮件 yóujiàn＝メール

☐ まだ来てない。

还 没 来。
Hái méi lái.

☐ サーバーエラーで届いてない。

由于 服务器 错误 没 收到。
Yóuyú fúwùqì cuòwu méi shōudào.

😊 表現　服务器 fúwùqì＝サーバー。错误 cuòwù＝間違い、ミス

☐ CCに林さんを入れてください。

请 抄送 给 林先生。
Qǐng chāosòng gěi Lín xiānshēng.

😊 表現　抄送 chāosòng＝CC、カーボンコピー

携帯・タブレット

☐ 画面割れちゃった！

屏幕 摔碎 了！
Píngmù shuāisuì le!

😊 表現　屏幕 píngmù＝ディスプレイ。摔碎 shuāisuì＝落として壊れる

☐ SNSやってる？

玩儿 社交 软件 吗?

Wánr shèjiāo ruǎnjiàn ma?

☐ アカウント教えて！

告诉 我 你 的 帐号!

Gàosu wǒ nǐ de zhànghào!

😊 表現 | 帐号 zhànghào＝アカウントナンバー

☐ 折りたたみ携帯を使っています。

我 还在 使用 翻盖式 手机。

Wǒ háizài shǐyòng fāngàishì shǒujī.

😊 表現 | 翻盖式 手机 fāngàishì shǒujī＝折りたたみ携帯、いわゆるガラケー

☐ 携帯番号教えて。

请 告诉 我 你 的 手机 号码。

Qǐng gàosu wǒ nǐ de shǒujī hàomǎ.

☐ 動画はタブレットで見てる。

用 平板 电脑 看 动画。

Yòng píngbǎn diànnǎo kàn dònghuà.

😊 表現 | 平板 电脑 píngbǎn diànnǎo＝タブレット端末

☐ 携帯と2個使いだよ。

手机 和 平板 电脑 都 用。

Shǒujī hé píngbǎn diànnǎo dōu yòng.

😊 表現 | 直訳は「携帯とタブレットの両方を使う。」

☐ タブレットはゲームがしやすい。

用 平板 电脑 容易 玩儿 游戏。

Yòng píngbǎn diànnǎo róngyì wánr yóuxì.

☐ キティちゃんの微博(ウェイボー)が更新されてる!

凯蒂猫 的 微博 已经 更新 了!

Kǎidìmāo de wēibó yǐjīng gēngxīn le!

🎵 発音 凯蒂猫 Kǎidìmāo＝キティ(ハローキティ)の音訳

☐ LINEは使えないよ。

我们 不能 使用 LINE。

Wǒmen bùnéng shǐyòng LINE.

⭐カルチャー 中国ではLINEは使えない。WeChat(微信 Wēixìn)という、おもに中国・マレーシア・インド・インドネシア・オーストラリアなどで使われているメッセージアプリが主流。このアプリも10億以上のユーザー数を持つ。

☐ WeChatで割り勘しよう!

用 微信 来 AA制 吧。

Yòng wēixìn lái AAzhì ba.

☐ スカイプしよう!

我们 用 Skype 聊天儿 吧。

Wǒmen yòng Skype liáotiānr ba.

😊 表現 直訳は「スカイプを使っておしゃべりしよう!」

☐ FaceTimeで話そう!

用 FaceTime 交谈 吧。

Yòng FaceTime jiāotán ba.

😊 表現 直訳は「FaceTimeを使って会話しよう!」

アプリ

☐ アプリの引き継ぎコード忘れた!

我 忘记 了 应用 软件 的 迁移 验证码!

Wǒ wàngjì le yìngyòng ruǎnjiàn de qiānyí yànzhèngmǎ!

😊 表現 迁移 验证码 qiānyí yànzhèngmǎ＝引き継ぎコード

いろいろな数字 Disc 2 -65

☐ 1km向こうは崖です。

走出 1公里 就 是 悬崖。

Zǒuchū yìgōnglǐ jiù shì xuányá.

😊 表現 公里 gōnglǐ＝km

☐ 冷蔵庫に入れて5分間待ちましょう。

放在 冰箱里 等 5分钟 吧。

Fàngzài bīngxiānglǐ děng wǔfēnzhōng ba.

☐ 9月30日は記念日です。

9月 30日 是 纪念日。

Jiǔyuè sāshírì shì jìniànrì.

☐ 10分たったら起こして。

再 过 10分钟，叫醒 我。

Zài guò shífēnzhōng, jiàoxǐng wǒ.

☐ 身長157cmです。

我 身高 157 公分。

Wǒ shēngāo yìbǎiwǔshíqī gōngfēn.

😊 表現 公分 gōngfēn＝cm

☐ 足のサイズは24cmです。

脚 的 尺码 是 24 公分。

Jiǎo de chǐmǎ shì èrshísì gōngfēn.

😊 表現 尺码 chǐmǎ＝サイズ

◯ 体重は45kgです。

体重 45 公斤。

Tǐzhòng sìshíwǔ gōngjīn.

💡 プラスα 公斤 gōngjīn＝Kg。重さに関しては斤 jīn（500g）を単位として使うことも多いので注意。

◯ 1冊ずつ取ってください。

请 每人 拿 一本 吧。

Qǐng měirén ná yìběn ba.

😊 表現 本の1冊は本 běnで数える。

◯ 4列でお並びください。

请 排成 四列。

Qǐng páichéng sìliè.

◯ 2組が競っている。

两组 在 竞争。

Liǎngzǔ zài jìngzhēng.

💡 プラスα 量として「ふたつ」のときは二 èrではなく两 liǎngを使う。

◯ 3人1組になって。

三个 人 组成 一班。

Sānge rén zǔchéng yìbān.

◯ 3番ホームに乗り換えよう。

在 3号 站台 换车。

Zài sānhào zhàntái huànchē.

😊 表現 站台 zhàntái＝プラットホーム

◯ 売上が5倍になりました。

销售额 增长 了 4倍。

Xiāoshòu'é zēngzhǎng le sìbèi.

💡 プラスα 5倍になることは「4倍増える」という言い方をするので注意。

著者

川原祥史 かわはら よしひと

埼玉大学教養学部(中国語学専攻)1984年卒。
メーカーや商社で中国貿易輸出入業務に20年間携わったのち、企業の赴任・駐在者に向け
たビジネス中国語会話や通訳・翻訳などの指導をしている。学習教材やラジオ番組などの各
種メディアにも出演。初心者への指導を得意とし、苦手意識をなくしてわかりやすく理解させ
るよう、日本人の心で取り組んでいる。

〈著書〉
『聴ける!読める!書ける!話せる! 中国語 初歩の初歩』『ひとりで学べる 中国語会話』『世
界でいちばんやさしい 中国語の授業』(高橋書店)、『CD2枚付 中国語検定2級問題集-頻
出単語集付(同3級、4級・準4級)』(池田書店)、『CD付 読む!書く!聞く!話す!ゼロから
1人で中国語』(あさ出版)ほか多数

何でも中国語で言ってみる!

シンプル中国語フレーズ1500

著　者　川原祥史
発行者　高橋秀雄
発行所　**株式会社 高橋書店**
　　　　〒170-6014 東京都豊島区東池袋3-1-1 サンシャイン60 14階
　　　　電話　03-5957-7103
ISBN978-4-471-11264-6　©KAWAHARA Yoshihito　Printed in Japan

本書の内容についてのご質問は「書名、質問事項(ページ、内容)、お客様のご連絡先」を明記のうえ、
郵送、FAX、ホームページお問い合わせフォームから小社へお送りください。
回答にはお時間をいただく場合がございます。また、電話によるお問い合わせ、本書の内容を超えた
ご質問にはお答えできませんので、ご了承ください。
本書に関する正誤等の情報は、小社ホームページもご参照ください。

【内容についての問い合わせ先】
　書　面　〒170-6014 東京都豊島区東池袋3-1-1 サンシャイン60 14階
　　　　　高橋書店編集部
　FAX　03-5957-7079
　メール　小社ホームページお問い合わせフォームから　(https://www.takahashishoten.co.jp/)

【不良品についての問い合わせ先】
　ページの順序間違い・抜けなど物理的欠陥がございましたら、電話03-5957-7076へお問い合
　わせください。ただし、古書店等で購入・入手された商品の交換には一切応じられません。